入

仙

白化文 著

目录

01 什么是「对联」
15 古代的文体
26 也说说「升官图」与「彩选」
40 唐代士子与樱桃
51 笔床茶灶 雨笠烟蓑
67 八仙
111 中国的罗汉
126 竹夫人与汤婆子
140 琉璃喇叭·鼓珰·料泡·响葫芦·倒掖气
148 试释如意
178 话拂尘
198 谈麈尾
208 塔与经幢
216 璎珞、华鬘与数珠

什么是「对联」

什么是"对联",举例以明之,下举两例就是:

列为无产者;
宁不革命乎!
　　——邓小平撰写的对联

此联在写法上属于"冠顶联",即上下联首字冠以"列宁"。

万里长征,犹忆泸关险;
三军远戍,严防帝国侵。
　　——朱德《题泸定桥》

这两副联,从内容到形式都很好,是典型的优秀对联。

那么，像这样的对联是如何写成的，或者说，写成什么样子，才算是对联？一两句话可说不清楚，就得费点事，详细谈谈啦。

怎么样谈法：开宗明义，首先得给"对联"下个定义，也就是讲讲对联是什么，它有什么特点；由此自然会引出第二个应该解释的问题来：它属于哪种学术范畴；接着会引出第三、第四个问题：它是怎样形成和发展的；它有哪些应用类型。这几个问题有其连带性，我们在下面大致按以上几个问题的顺序，有连带地进行说明。

对"对联"特点的认识

对联，是用汉字书写的（后来发展到也可用其他少数民族文字书写，但都是凑合着来，绝不如用汉字写来那样干脆利落。这一点，以后有可能时再讨论），悬挂或张贴在壁间柱上的两条长幅；要两两相对。它的特点，大致有：

1. 上下两个长条幅，字数必须相等，合成一副联，称为上联、下联。各联的字数没有一定之规，从一个汉字到几百个汉字都可以。这就是说，上下联至少得各有一个汉字或一个符号（如标点符号）。多了呢？毫无限制。当然，常用的对联，上下联一般各在四个汉字到二十几个汉字左右。这是因为，上下联字数太少，不容易表达出完整的意思来；多了呢？能有那么多的话吗？对联对字数固然不作限制，可是，笔者至今还没有见过上下联各两三千字的对联呢。这是从上下两联对文字的要求——字数无限制但上下联字数必须相等——来看。

2. 对一副对联的基本要求之一是：必须在上下联中把一个完整的意思表达出来。只要能做到这一点，字数多少就可随意了。拿中国汉族民族文化创造的若干诗歌体裁，如律诗、绝句来和对联对比，这一点就会很明显地表露出来：律诗和绝句，各用八句或四句表达一个完整的意思；若是把它们中对仗的两句，特别是律诗中的颔联和颈联抽出来，把它们写成对联，有时候还勉强凑合，有时候就不行。因为它们不是为作对联准备的，不见得能表现出作者希望表现的一种完整的意思，原来的完整的意思是要靠整首诗来整体表现的呀！例如，拿一首挽诗和一副挽联对比，挽诗中的两句对偶句就未必能单独构成一副挽联——当然，在某种情况下也许能行——这就是它们之间存在的需要细心体察的精微区别之处。这是从要表现的内容的角度来看。

如上所述，上下联要共同表达出一个完整的意思来，因而，从句式结构看，一般来说，上下联至少各有一个分句或词组，多则不限。当然，从句型结构方面看，上下联应该是对应的。

3. 从修辞学角度看，构成对联基础的是对偶辞格。对偶辞格是汉语和汉字特有的一种辞格，它是把通常为两个（多则可为几个，如元代杂剧和散曲中常用的三或四个）字数相等、结构相同或基本相似的字、词、词组、句子并列，用来表达相关的意思的一种辞格。从内涵上说，它要求意义上的关联，也就是不能各说各的（特殊的如无情对另议）；从形式上说，它的基本要求是要对称；此外，它还要求音节上的和谐相对。对联，可以说是汉语修辞学对偶辞格发展到极致的产物。这就是说，一般来说上下联不能构成上述内涵、形式、音节三方面的比较严格的对偶的，就不能算是对联，至少不能算是好对联。

4. 对联的实用性很强。从某个角度看，对联是从古代私塾教学童"对对子"直接发展而来的。创作对联的基本功，还得从对对子练习开始。可是，口头甚至书面练习对对子还不是对联。《分类字锦》《巧对录》等类书与联话书籍所录的，大抵都是对子而非严格意义的对联。对联是一项综合性质的成品。一副对联，得为一个主题而创作出来，最好能书写下来，为张挂之用。它是为某种实用目的而创作的。而且，连张挂的形式也固定下来了：上联在左，下联在右。人们从对面看，则上联在右首，下联在左首。它们必须成对称形式，悬挂在相对的位置。连载体形式也固定下来了：必须是两个完全相等的长条形字幅状。一般来说，别的形状如某种"蕉叶形对"，极为少见。特别是横幅不行，如我们有时见到的四合院中左右穿廊游廊之上，常嵌有相对的"东壁图书""西园翰墨"横幅，虽为工对，却只可算是两廊的横幅罢了。对联有经常悬挂在楹柱上的，特称"楹联"。后来，楹联发展成对联的一种文雅的称呼了。相对来说，对联便成为楹联的俗称。可是，抄录下来的对联词句只可称为"联语"。我们和大家一起讨论的，差不多都是联语，旁及一些对联的载体等。虽然有时也涉及对对子，但应说明：对对子，作为古代学习作文的一种基本功，是为作诗（特别是近体诗中的律诗及由之演化出的试帖诗）、作骈文（包括八股文）等共同打基础的，从对对子到写对联，只不过是近水楼台罢了。

对联是汉族民族文化艺术的独特产物

对联，可以说是从汉族的民族传统文化派生出来的独特产物。唯有从中国的汉族文化中，才可能产生出完美的对联产品。这可以从民族传统——特别是深远的民俗传统方面、语言文字方面、文学和文章写作方面来观察。下面就从这三方面来说明。

1. 先从汉族民族文化传统来看：观察自然与社会，可以看到，对偶是一种普遍存在的事物现象。再观察汉族的民族性及其深厚文化积淀与传统，更可以看到，汉族是非常喜爱对偶的。

汉族传统文化认为，除了领导者是高高在上独立自主统率一切的以外，其他都以形成对立面即对偶形式为宜。汉族本民族古老的哲学思想，就是无极生太极，太极生两仪，两仪生四象，四象生八卦，八卦推演到六十四卦。但是，汉族的民族心理中，并不认为这个推演出来的模式是完美的："未济终焉心缥缈，万事翻从阙陷好！吟到夕阳山外山，古今谁免除情绕。"（龚自珍《己亥杂诗》之二七二）。不过，在这个推演出的模式本身包容之中，却能看出是以对应形式为主的，这就说明汉族是看重和喜爱偶数的。同时，汉族传统文化更认为，"数奇"是不吉利的。就连孤单在上的领导者也很危险，有成为"独夫"的可能。

汉族传统的建筑结构是四合院。各种大门，如殿门、辕门、院门等，全是两扇。陪衬正房的是东西厢房和两耳房。室内家具，也是一张桌子配两把太师椅。朝臣上朝，衙役站班，都分成两厢。这些都是民族心理在各方面的反映。可以说，汉族对对偶的喜爱，融汇于本民族的文化传统之中，无所不在。

2. 再从汉语与汉字的角度看：那可是从一开始就给对偶准备了最好的独一无二的载体条件。

汉语由单音节语素组成。由这样的语言载体构成的词汇，其中配合成对偶的能力是无限的。世界上诸多广泛使用的语言中，只有汉语具有这种天生的属对能力。绝妙处还在于，为了适用于记录汉语，汉字从创制之始，就成为一种兼表形、音、义的单音节方块形文字：一个字代表语言里的一个音节，每个字又都有属于自己的一定的意义（有的字还不止一种意义），由一定的笔画构成方块形文字。这就像同类形状的积木或方砖，能搭配成一堵堵整齐划一的墙那样，为它们两两相对搭配造成了基本条件。再看汉语的词、词组、句子的结构：也是相当整齐划一的。汉语词汇中的词，大部分是单音词和双音词，就是多音词，也是由一个个单音节构成的，同样很便于两两搭配。由这些词构成的词组和句子，其结构搭配方式不多，不外有：联合（并列）和偏正、动宾（包括使动和意动等变通用法）、动补，以及仅为记音的不可分割的连写（联绵词、音译词语等），等等。因其有上述的单音节方块字为组成基础，所以同结构形式的两两搭配也很容易。总的来说，汉语和汉字从产生之始，就自然而然地给对偶创造了条件。在世界诸多语言文字中，这种特殊性质是其他语言文字所不具有的。日本从古代到近代，大力推行汉化文化，什么都向中国学，他们的优秀汉学家甚至具备写律诗和骈体文的能力，可是中国明代以下在社会上广泛流行的对联，在他们那里没有流行起来。笔者以为，这是因为对联是汉语对偶修辞格发展到极致的产物，非以汉语为母语的人学习起来究竟太吃力了，不容易被普遍接受。而对联是一种社会性实用性极强的文体，需要得到社会上公众的认可与爱好。要想让日本人像中国人那样把对联当成一种人际关系交际工具，对于他们来说，恐怕是太吃力了。当然，在中国对联大流行的时代即明清两代，日本已经逐渐开始向西方学习了，这恐怕也是另一个社会原因吧。相对来说，那时候的朝鲜半岛地区还没有向西方学习的打算，仍然一心一意地面向中国，因而他们接受对联这项比较新鲜的人际交往工具，且使用得相当普遍。

3. 还可以从中国汉族汉字文化的文学和文章体裁与做法等方面来看：从古代留下的文学作品看，语言文字中的对偶修辞早就自发地在使用了。例如：

昔我往矣，杨柳依依；今我来思，雨雪霏霏。

(《诗经·小雅·采薇》)

诲尔谆谆，听我藐藐。

(《诗经·大雅·抑》)

惟草木之零落兮，恐美人之迟暮。

(《楚辞·离骚》)

不仅在韵文中如此，就是在先秦的散文中也有大量的对偶句：

满招损，谦受益。

(《尚书·大禹谟》)

博学而笃志，切问而近思。

(《论语·子张》)

事在四方，要在中央。

(《韩非子·扬权》)

可以看出，除了若干虚字的重复以外，上引诗文的作者似乎都在有意识地应用某些对偶形式，追求对比或排比效果。不过，这种方法只是在文章或谈话里隔三差五参差错落地使用罢了。

如果说在先秦诗文中，对偶辞格的句子和词组出现得还比较少，而且似乎带有自发的倾向，那么发展到汉赋，使用对偶便是大量而自觉的了。例如：

臣之东邻，有一女子：云发风艳，蛾眉皓齿。颜盛色茂，景曜光起。……途出郑卫，道由桑中。朝发溱洧，暮宿上宫。……奇葩逸丽，淑质艳光。

（司马相如《美人赋》）

于是发鲸鱼，铿华钟。登玉辂，乘时龙。凤盖飒洒，和鸾玲珑。……千乘雷起，万骑纷纭。……羽旄扫霓，旌旗拂天。……抗五声，极六律，歌九功，舞八佾。……

（班固《东都赋》）

南北朝到隋唐的辞赋，是以对偶为主要词句形式的骈四俪六的文体。可以说，这样的辞赋直接继承汉赋，并使之在对偶方面进一步精密和熟练。一直到两宋的四六文都是按照这种方式发展。我们总的称这类文章为骈体文。我们当代人容易忽略而应该提请注意的是，骈体文从南北朝以下直到清代以至民国初年，应用非常广泛。特别是在政府公文和科举考试以及书信（尺牍）中，以对偶为主要文体特点的多种体裁的文章，使用得极为广泛。从广义上说，这些多种体裁都和骈体文关系密切，它们都可以算是骈体文大家族中的成员。

关于骈体文和对联的关联，可以从下面几点来说一说。

一点是，承上而言，骈体文大家族对对联的影响极为巨大。广义地说，可以把对联看成骈体文大家族中的一个远房支属。对联是骈体文领域中在实用范围内的又一次扩展，是一次趋向精练化和精密化的极致的发展。

再一点是，也是承上而言，骈体文中对偶的应用虽然是十分自觉而严格的，十分讲究的，但从汉赋起，也沿袭下来一些习惯性的不成文的格律准则。例如，对虚词，特别是起联系作用的和表达语气的虚词，在对偶方面没有提出很高的要求；对人名相对和地名相对等要求也较低。比如：

潘岳之文采，始述家风；
陆机之辞赋，先陈世德。

（庾信《哀江南赋序》）

望长安于日下，目吴会于云间。……冯唐易老，李广难封。屈贾谊于长沙，非无圣主；窜梁鸿于海曲，岂乏明时。

（王勃《滕王阁序》）

这两种不太讲究而可以将就的写作方法，也影响了对联。这些我们还要在以后讲到。在这里只是说一说，用来证明对联受到的这方面的明显影响罢了。请看下面一副著名的为大肚弥勒佛所作的对联：

大肚能容，容天下难容之事；
开口便笑，笑世上可笑之人。

两个"之"字不对，可以允许。但是，因为对联是对偶文体中晚出的，因而属于越晚出就对对偶格式要求越严格的，所以从全篇来说固然大部分是对偶的，但出现两个相同的虚字相对，终究被认为对仗不工。至于人名、地名的问题，一般来说，只要平仄押匀就行了，但是也追求工对，如"东方虬"对"西门豹"还不算太工，因为前两个字都是平声；"柳三变"对"张九成"才属工对。因为，从整体来看，人名对人名，且平仄调谐。拆开来看，"柳"和"张"都属于"二十八宿"之内的星宿。"三变""九成"都是音乐术语。所以，"露华倒影柳三变"对"桂子飘香张九成"，真的是工对，不能不佩服作者李清照。李清照就是李清照！

根据前两小节作出的小结

我们可以这样认为：

对联是中国汉族在本民族的历史发展中，由自发到自觉地根据汉语汉字的特点，采用了民族精神和物质文化的多种成果而创造出来的一种独特的文字体裁。

对联的一大特点是：人际关系性质极强。绝大部分对联是在公开的交际场合使用的。如，喜联、贺联、寿联，都具有特定的突出的交际和人际关系性质。就是机关行业联、名胜古迹联，甚至书房厅堂联等，也具有广泛的人际交流性质。以上仅仅是从对联的内容来看的。

若是从写成了的对联看，其另一大特点，就在于它是一种综合性艺术品。它集汉民族创造的书法、装裱（包括制纸、绢等）或小木作等多种工艺（如漆工、金属工艺等）于一身，最后悬挂出来的成品又成为室内外装饰艺术中的一种有机组成部分。

综合以上两点，从某种角度来看，对联堪称中国传统文化的一种综合性代表产品。从明清以来直到民国年间，对联在中国各阶层中，在各个场合，都大量使用，盛行不衰。建国后，多种对联如机关行业联、门联、室内装饰联（特别是建国前堂屋与客厅必挂的）等，随着时移俗易，慢慢地不再时兴。现在，在内地社会中，只是在佛寺、道观等宗教建筑和风景名胜等地点，或是某种场合，作为交际、交流等人际关系的需要而存留，作为年节的点缀，春联长盛不衰。寿联、挽联等几种对联，使用频率还比较高。但是，后举的几种对联，从悬挂的时间看，都比较短暂，春联张贴时间较长，也就一年；从综合艺术的角度看，大体上都属于粗放型，挽联更是如此，两条白纸，挂完就烧。中国对联的综合代表性成品，恐怕还得多从长久悬挂的多种品类中去找。当然，从当前最具实用性的角度看，后举三种联是最常用的，因而也属于最重要的联种。

对联是文学作品吗

从语言学的角度看,对联是"积极修辞"中"对偶"辞格发展到极端的产物,是汉语特别是汉字独具的表现形式之一种。它是涉及汉语文字学、音韵学、修辞学等语言学科的综合实用性产品。所以,汉语语言学是无法不接纳对联进入自己的学术领域的。

从中国文学的角度看,固然对联的远亲,或者说是它的远祖,如我们前面讲到的骈文、近体诗,都是堂而皇之地出入于文学殿堂的。可是,对联呢,我们检阅《中国大百科全书》,会惊讶地发现,在语言学和中国文学两部分中,都没有对联这个条目。大约是这两家都以为对方会收容对联,最后是把它当成蝙蝠啦!

我们会发现,建议语言学接纳对联可能不难。它缺少拒绝的理由。让文学界接纳——姑且不说加入——对联这个品种,恐怕有人就有异议。理由是:有相当多的对联作品文学性质不强。很多人愿意把对联汇入"文娱活动"的类型中去,和"诗钟""灯谜"等归入一类去了。

当然,对联界的人,如中国楹联学会群公,就坚决主张对联算是文学作品。中国楹联学会还挂靠在中华全国文学艺术界联合会之下,这可是名正言顺的了。笔者也赞成。可是,我们更应该创作出大量的文学性质很强的对联作品来,让人们心服口服。最后实至名归,让《中国大百科全书》的新版中语言学和中国文学两部分都不能不收对联词条——像律诗、骈文那样。其实，就拿律诗和骈文这两种文体来说，形式上写得蛮合规矩的，有的文学气息可不一定浓厚。不过，人家可占了早就加入的便宜啦。那可是无数优秀文学家给打下的江山啊！

古代的文体

古人所讲的文体有两个方面不同的意思：一是指文章的体裁、类别，一是指文章的风格。这是两个不同的概念，但二者又有联系。曹丕在《典论·论文》中说："奏议宜雅，书论宜理，铭诔尚实，诗赋欲丽。"这几句话的意思是奏议应做到雅，也就是善于运用经典；书信和论说应做到理，也就是要条理清晰；铭诔应做到实，也就是崇尚事实；诗赋应做到丽，也就是要讲究文采。曹丕在这里把文章分成四大类，并谈到了每种的特点。奏议、书论、铭诔、诗赋，是指文章的体裁；雅、理、实、丽，是指文章的风格。

文体的分类历来都不完全相同，其中一个原因是划分的标准不同。文体的划分标准大致依据以下三个方面：1.从语言形式上划分，文体可以分为散文、骈文、韵文三大类；2.按照文章内容的性质划分，如历史著作和哲学著作，前者一般属记事文，后者一般为论说文；3.按照文章的应用划分，如书信、赠序、哀祭、碑志之类，是按应用范围来划分的。

从语言形式划分首先看是否押韵，同时也要看是否讲平仄、对仗。韵文是押韵的，散文是不押韵的。骈文讲究平仄、对仗，句式一般为四六句，所以它自成一类。

下面对韵文、骈文、散文三大类分别加以介绍。

一、韵文

凡是句子押韵的文章，都可以叫韵文，古代的韵文有诗、词、辞赋、赞颂、祭文等。

（一）诗、词

本书第十九讲、第二十讲将作详细介绍，故从略。

（二）辞赋

辞和赋本是两种不同的文体。

辞的名称源于"楚辞"。楚辞的代表作家是屈原和宋玉，它们作品有鲜明的楚国的地方特色。汉人把屈原、宋玉等人以及汉代模仿他们风格的作品编辑起来，称为《楚辞》。后来"楚辞"就成了一种文体的名称。楚辞在形式上的特点是每句四至十字，广泛应用语气词"兮"。

赋是古代一种重要的文体。赋的基本特点是："铺采摛文，体物写志。"（《文心雕龙·铨赋》）"铺采摛文"讲的是赋的形式，赋的形式是讲究铺陈文辞的。"体物写志"是讲赋的内容，"体物"就是描写客观景物，"写志"就是抒写思想感情。本来辞偏重于抒情，赋偏重于叙事，但后来的赋也有抒情的，如贾谊的《吊屈原赋》。后来"辞"和"赋"逐渐不分，合为"辞赋"一种文体。

赋的句式是不拘字数的，多数以四字句、六字句为主。辞赋的押韵和诗歌基本相同，最常见的是奇句不用韵，偶句用韵。例如《哀郢》《别赋》，都基本上是这样用韵的。语气词在句尾时，往往是语气词前一个字押韵，语气词不做韵脚。如《离骚》："余固知謇謇之为患兮，忍而不能舍也。指九天以为正兮，夫惟灵修之故也。"第二句和第四句两句句尾都是语气词"也"，"也"不做韵脚，而是它前面的"舍"和"故"押韵。

分析古代韵文的用韵，必须有明确的时间概念。《楚辞》和六朝以前的辞赋诗歌，一般用的是先秦古韵。唐以后的作品用的是"平水韵"。

按照赋的演变和发展，可以分为五种：

（1）骚赋。又称辞赋，是指模拟楚辞而写的一种赋。形式上"兮"字入句，内容上重在写志，如贾谊的《吊屈原赋》。

（2）汉赋。又称古赋，汉赋规模宏大，篇幅很长。如司马相如的《上林赋》、枚乘的《七发》都有两千四五百字，张衡的《西京赋》有四千多字。一般采用问答形式，往往可以分成三部分：开头有序，用散文，无韵；中间是赋本身，用韵文描写；结尾再用散文。

（3）骈赋。又称俳赋，主要指六朝时代的赋。受骈文的影响，一般都是四字句和六字句，而且讲究平仄、对仗，一般篇幅不长，内容多取材身边事，代表作品如江淹的《别赋》。

（4）律赋。也叫近体诗赋，是唐宋时用来考试的赋，按规定的官韵押韵，并讲究对仗，没什么好作品，到元时废除。

（5）文赋。文赋是受唐宋古文运动的影响产生的，文赋接近散文。句式长短不一，不刻意追求对仗，押韵不受限制，中间夹杂大量散文句子，结构较自由。

（三）铭箴赞颂

这类作品也属于韵文。

铭。作用有二：一用于祝颂，二用于规戒。铭的内容有多种，有记功的，如班固的《十八侯铭》；有记宫室的，如刘禹锡的《陋室铭》。铭文一般都是四字句。

箴。往往是自我警戒的格言，基本上是四字韵语。如韩愈的《五箴》。

赞。主要表彰赞扬历史人物，也是四字韵语。如韩愈的《后汉三贤赞》。

颂。歌功颂德。一般是四字韵语，也有不押韵的，如韩愈的《伯夷颂》。

（四）哀祭

哀祭包括祭文、诔、哀辞等。都是哀悼死者的文辞，一般都是韵文。如曹植的《王仲宣诔》、袁枚的《祭妹文》。祭文是在祭奠时宣读的，一般用四字韵句，末尾一般有"尚飨"，即希望鬼魂歆享的意思。诔本来是记死者一生的事迹，用以表彰死者的功业德行。一般前面是序，记述死者的事迹；

后面是诔辞，寄托对死者的哀思。哀辞和诔差不多，一般也是前有序，后缀哀辞。所不同的是哀辞一般用于身遭不幸而死和童稚夭殇者，内容重于哀痛，与诔的偏重于颂有别。

二、骈文

骈文也叫骈体文，骈体文在魏晋以后成为一种正式的文体，南北朝是骈体文发展的全盛时期，一直传至后代。这种文体，使用的范围很广泛，几乎一切叙事说理的文章都可以采用。骈体文中也有一些优秀作品，如王勃的《滕王阁序》、骆宾王的《为徐敬业讨武曌檄》等。《文心雕龙》这部最早的文艺理论著作也是用骈体文写的。骈体文的名称不同朝代有不同的叫法，唐代一般称为"时文"，是对"古文"相对而言的。晚唐开始又称作"四六"或"四六文"，明代以前一直沿用这个名称，直到清代才称作骈体文。

骈体文在语言方面的特点有二：一是讲究对仗，二是讲究用典、藻饰。下面分别加以叙述。

对仗也叫骈偶。二马并架一车叫骈，二人相从叫偶。骈偶就是两两相对。古代的仪仗也是两两相对，因此骈偶又叫对仗。骈体文在语音、语法、词汇三方面都要求对仗。

在语音方面，要求平仄相对，但是没有形成固定的格律，没有近体诗要求的那么严格，运用起来比较自由。在语法方面，要求有两个：一是词类相对，即名词对名词，动词对动词，形容词对形容词，虚词对虚词。名词、动词、形容词一般都是异字相对，虚词可以是同字相对；二是语法结构要相对，即主谓结构对主谓结构，偏正结构对偏正结构，述宾结构对述宾结构，复句对复句。词汇方面的对仗主要表现为事类相对。如，动物对动物、植物对植物、天文对天文、地理对地理、人事对人事、器物对器物，等等。例如：

佩紫怀黄，赞帷幄之谋；乘轺建节，奉疆场之任。

（丘迟《与陈伯之书》）

这两句从语音上看，"佩紫怀黄"是仄仄平平，"乘轺建节"是平平仄仄，"帷幄"是平仄，"疆场"是平仄，"谋"是平，"任"是仄，基本上相对（"平仄"对"平仄"是允许的）。从语言上看，大体上是动词对动词，名词对名词（"紫"与"黄"这里用作名词），虚词对虚词，而且句子结构相同。从词汇上看，两句中相同位置的词大体上同属一类，特别是"佩紫怀黄"和"乘轺建节"，首先是"紫"和"黄""轺"和"节"在句中相对，然后又两句相对，就显得很工整。

用典是骈体文的基本表达方式，目的是追求文章的"典雅""含蓄"。例如：

睢园绿竹，气凌彭泽之樽；邺水朱华，光照临川之笔。

（王勃《滕王阁序》）

这两句用了四个典故，字面上说的是梁孝王宴客兔园和曹植在西园公宴宾客，以及陶渊明的善饮和谢灵运的善诗，实际上是赞美在滕王阁参加宴会的主人和宾客。由于是用典，而不是直说，文章就显得含蓄、典雅。意在言外，这就必须透过典故来了解文章的真意。

藻饰，就是追求辞藻的华丽。骈体文用得最多的是关于颜色、金玉、山水、风月、灵禽、奇兽、香花、异草等类的词语。

三、散文

散文这个概念很广泛，凡是韵文、骈文以外的文章，通称为散文，既包括文学作品，也包括非文学作品。

古代散文分四类，现将各种体裁做一个大致的介绍。

（一）史传文

也叫"历史散文"，有三种体裁：编年体、纪传体、纪事本末体。

编年体。其特点是以时间为经，以事件为纬，最早的作品有《春秋》《左传》。宋人司马光主编的《资治通鉴》，也是用的编年体。编年体因按时间来写历史，所以线索清楚、背景明确，系统性较强，缺点是不便于集中地广泛地描写人物。

纪传体。司马迁的《史记》首创了这种体裁。《史记》中的本纪、世家、列传都是以写人物为中心的纪传体，它突破了编年体的局限。在这之后，历代官方所编的史书大都沿用这种体裁。人物传记散文得到广泛发展，不仅史官写，不做史官的文人也可以写；不仅给死人立传，活人也可以立传。有的作家还为下层的百姓立传，如柳宗元的《童区寄传》。

纪事本末体。宋代的袁枢首创这种体裁。他依据《资治通鉴》编了《通鉴纪事本末》。全书共有239个专题，始于"三家分晋"，终于"世宗征淮南"。明、清人又编辑了宋、元、明纪事本末，近人又编辑了《清史纪事本末》，清人还编辑了《左传纪事本末》。这些著作在材料上没有什么大的发掘，但按专题来写，把材料集中在一起，脉络清楚，首尾明晰，为读者提供了很大的便利。

（二）杂记文

杂记文的范围比较广泛，史传、碑志以外的记叙文大都可归入这一类。有记山水地理的，如郦道元的《水经注》、柳宗元的《永州八记》；有写事物和风土人情的，如杨衒之的《洛阳伽蓝记》；有记事的，如方苞的《狱中杂记》；有记物的，如魏学洢的《核舟记》。

杂记文可以记事描写，也可以抒情、议论。一般来说，唐代的杂记以叙事为主，宋代则抒情、议论及至考证的成分增多了。

笔记文也是杂记文中的一大部类。古人多把笔记列入小说类。古人所说的小说是"丛残小语""街谈巷语之说"。笔记文以记事为主，其特点是篇幅短小，长者千八百字，短者三言五语。它的内容五花八门，有历史掌故、逸闻轶事、人物短论、文艺随笔、科学小品、读书杂记、志怪杂录等。如南朝宋刘义庆的《世说新语》以品评人物为主，宋沈括的《梦溪笔谈》记载作者一生的见闻阅历和学术研究成果。笔记文这类作品，往往精芜并存、瑕瑜互见，其中的佳作对补充正史，研究风俗、典章制度有一定的参考价值。

（三）说理文

也叫论说文。《论语》是最早的一部语录体说理文。《墨子》《孟子》《庄子》《荀子》《韩非子》都是说理文。先秦没有单篇说理文，秦汉时，单篇说理文也不多见。说理文最重要的体裁有论、说、辩、原、寓言等。

论。"论"是议论，它的说理方式以论证为主。有人物论，如苏轼的《留侯论》；有专题论，如贾谊的《过秦论》。

说。"说"是说明，是阐述关于某一事物、问题的道理。如韩愈的《师说》是关于"学者必有师"的道理，柳宗元的《捕蛇者说》是借捕蛇者的口来说明横征暴敛给人民带来深重灾难的道理。"说"大到可以写天，小到写物，但一般不用这种形式来评论人物或大的政治问题。另一类"说"很接近文学散文，特点是借物喻理，如周敦颐的《爱莲说》。

辩。"辩"的主要特点是辩论。对一个论点和一件事情加以辩驳。韩愈的《讳辩》是辩驳一种错误观点，柳宗元的《辩列子》是辨别一部书的真伪。

原。"原"是对一种理论、制度或社会习俗从根本上加以考察、探讨。如韩愈的《原毁》《原道》，黄宗羲的《原君》

《原臣》。

寓言。"寓言"是用比喻或故事来说明一个哲理。先秦诸子中保存不少寓言故事,如《孟子》中的《揠苗助长》、《庄子》中的《庖丁解牛》、《韩非子》中的《守株待兔》,都是流传至今的名篇,都是说理散文中的一部分。后来寓言发展成一种独立的文学形式,如柳宗元的《三戒》。

(四)应用文

应用文的范围相当繁杂,有的应用文是适应封建社会的典章制度需要而产生的。

奏议是臣下给皇帝的书信、报告。其中有书、疏、奏、议、表、状、封事。如李斯的《谏逐客书》、贾谊的《论积贮疏》、诸葛亮的《出师表》、胡铨的《戊午上高宗封事》等。这些名目的出现,有先有后,其使用范围,各个朝代也不完全相同。

对策是奏议的一个附类。这是封建社会选拔人才时的考试答卷。皇帝命题,应举的人把自己的答对写在简策上,因而得名。

诏令是皇帝给臣下的书信、命令。包括策书、制书、诏书、戒敕等。但各朝的制度也不完全相同,即使名称相同,使用的范围也不一样,使用的语言形式也不相同。如敕,唐朝的敕比汉朝的敕要广;汉敕是散文,六朝以后的敕有不少是骈文。

赠序始于唐,唐宋以后盛行。赠序表达方式是说理文,但用作赠友人,也是应用文。如韩愈的《送孟东野序》。

把文体分为韵文、骈文、散文三大类，这是从总体上来划分。至于具体作品，也有跨类的，如《战国策》，从内容分属史传文，而就表达形式来看大多数又是论说文。有的文体名同而实异，如《汉书》的"赞"与铭赞的"赞"不同，前者属于史论，是散文；后者属于铭类，是韵文。

也说说"升官图"与"彩选"

八仙

一

我读《万象》第九卷第二期（2007年2月出版）卷首刊载的苏同炳先生大作《岁朝乐事"升官图"》一文，受益良多。苏先生所述，大体上属于正规"博戏"的升官图，也就是说，那是一部分成年人赌输赢的博弈。苏先生已经把它的内涵、玩法说得十分清楚。建国前，亦即我的中学时代（1943—948年），在北京，每当春节期间，我也和同学玩"升官图"，我们玩的是供青少年人使用的升官图，玩法要简易得多。读苏先生文后，我又查了一些资料，现在一并写出，狗尾续貂，作为苏先生大文的补充。

"升官图"是一种介于游戏与赌博之间的博戏（如图所示）。它的玩法是：首先，要有一张绘制出的图，从外面到里面画有若干蟠蛇形的路途，中设许多站，各缀以名称。最常

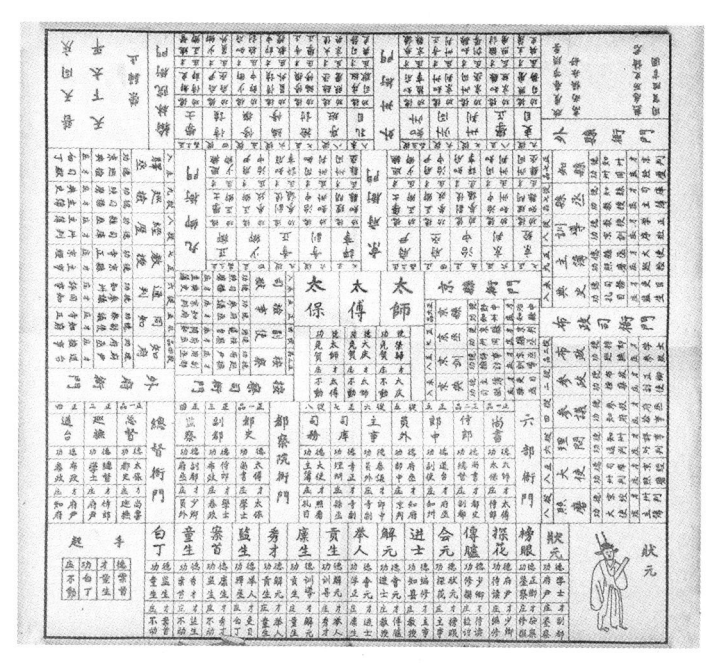

民国套印升官图

见常用的是官名，从外圈的低级"未入流"到最高级的中央政府宰相为止，怕犯上，没有皇上一级。具有代表性的图，已在苏先生文内附见，请检视。其次，可以几个人一起玩，各人找一个代表自己的记认物，如不同的棋子，或临时写成的小纸片。然后掷骰子以定从起始点向前移动几步，此后再掷以定前进或后退步数。如此往复循环，先到最高点即升至最高官职者胜。

可以分析出，其特点有以下几项：

1.掷骰子，最简单的玩法是，一般用一个骰子，轮流掷。按一定的规定，如六点为"才"、五点为"功"、四点为"德"、三点为"良"、两点为"柔"（意为"柔懦"，亦即不称职）、一点为"赃"之类。以之定前进后退。建国前，如在20世纪三四十年代的北京，文具店里卖给学生等人玩的印好的升官图（约有一张四开报纸那样大），为了怕官府找茬说是赌具，掩耳盗铃，不带骰子，只附一个四面或六面的小陀螺，上有一至四或至六的数字而非骰子点儿，在桌子等平面上转陀螺以定胜负点数。如果是四面体，则四点为"德"，五点为"功"或"才"，两点为"柔"或"懦"，一点为"赃"。另附几个不同颜色（大致有蓝、绿、紫、黄、红五色）的跳棋棋子，以为个人的记认物。也有赌输赢的，那就复杂得多，常常用到两颗甚至四颗骰子，在骰子碗里掷。计算方法也繁复得多。我没有玩过，不懂。现在读苏先生大文，算是明白一些了，但未经实践，还是缺乏感性认识。

2.升官图有多种。那时文具店里卖给学生等人的就有大体上是按明代官制绘制印好的，也有按清代官制的，按民国北洋政府官制的（最高级为大总统，不怕犯上，因为总统是"国民公推"的，从法律上讲，成年公民谁都有资格当总统），按北洋政府军制的，按民国初年学制的（加上最高级为留洋博士，西洋高过东洋）。每张大致都是四开报纸那么大。随意挑选。其实，依时代不同、地域差异、文化水平高低，以及男女之别，职业信仰之不同，升官图种数颇多。不知有人统计过没有。过去还有人时时想创新呢。试看下列记述。

明代谢肇淛《五杂俎·人部二》：

唐李邰有"骰子选格"，宋刘蒙叟、杨亿等有"彩选格"，即今"升官图"也。诸戏之中，最为俚俗。不知尹洙、张访诸公，何以为之，不一而足。至又有"选仙图""选佛图"，不足观矣。

清代梁章钜《浪迹丛谈》卷六有"升官图"条，内容摘录如下：

余有《怀潘芸阁河帅诗》云："同舟本前定，一笑晤邢房。"阅者多不得其解。盖余于嘉庆乙亥年，与芸阁同官京师，偶因献岁，共在林少穆斋中赌升官图，余与芸阁适同入河防一路。至道光乙酉，芸阁与余，果同从公淮浦，絮谈及之，信是天缘前定，前后刚十年也。或问，升官图昉于何时？按此图相传为倪鸿宝所作，前人谓之达格，亦谓之百官铎，所列皆明之官制。其实此戏自唐时即有之，房千里《骰子选格序》云："开成三年春，予自海上北行，次洞庭之阳，有风甚紧，系船野浦下三日，遇二三子号进士者，以穴骼双双为戏，更投局上，以数多少为进身职官之差，数丰贵而约贱，卒局有为尉掾而止者，有贵为将相者，有连得美名而后不振者，有始甚微而倏然在上位者，大凡得失不系贤不肖，但卜其遇不遇算。"又《文献通考·经籍门》有《汉官仪新选》一卷，刘攽撰，取西汉之官，而附以列传黜陟可或笑者杂编之，以为博弈之一助。又《武林旧事·市肆记》有选官图，列于《小经纪》内，亦即此戏。余亡友李兰卿曾手创一图，取《明史》中职官，尽入其中，分各途各班，以定进取，极为精核。余曾怂恿其镂板以行，自分手外官后，此局遂疏，今无从复问矣。

可见，从历史上看，升官图早已演变成多种多样。我们据此尚可得出：

有专供妇女游戏用的，有供僧尼用的，有供道士用的。当然，这些升官图一般人也可以玩。下举两例：

宋代王珪《宫词》（《全宋诗》卷三九六）：

尽日闲窗赌选仙，小娃争觅倒盆钱。
上筹须占蓬莱岛，一掷乘鸾出洞天。

"倒盆"意为玩够了把骰子盆翻过来，以示结束。这时，会撒一些铜钱，供小儿争抢，以为笑乐。后代打麻将"抽头儿"与"倒盆钱"有点类似。后来，"倒盆"一词常被借用来形象化地形容银钱业如银行倒闭等事。这首诗说明，"选仙"是赌钱的。

清代虞兆漋《天香楼偶得》载：

俗集古仙人作图为戏，用骰子比色，先为散仙，次上洞，以渐而至蓬莱大罗等列，比色时首重绯为德，次六与三为才，又次五与二为功，最下者幺，则谓之过，凡有过者，谪作采樵、思凡之类，遇德复位。按：此与选官图无他异，惟易官为仙，大凡妇女辈无服官之志，因小变其名焉，郑樵《通志·略》有"寻仙彩选格"，与"汉官仪选""文武彩选"诸格并录，"寻仙彩选"，当即"选仙图"耳。

化文见过先母和我的姨母、姑姥姥等位玩"选仙图"，也是简化的，即只掷一粒骰子，不大赌输赢。我见过的有多种图：有仅列女仙的，至王母为止；有兼列上中下八洞中的男仙和福禄寿三星的，但并无太上老君、太白金星等高级神仙，也是到王母为止。我估计女道士也是玩这个的。我们男学生嫌这种图女里女气，没有玩过。估计没有单选男仙的选仙图。还有"选佛图"，简化的我也见过，那可是到释迦牟尼佛和阿弥陀佛为止的。但我没有玩过。

以上说明，升官图有多种。拙见是，似乎不宜用"升官图"来统摄这些内容大不相同的图及其玩法，姑且以"彩选"统之，逻辑上还算过得去。

3. 玩升官图，似乎有一种约定俗成的季节性，即只集中在春节期间。清季张春帆《九尾龟》第一百二十八回，摘录如下：

不知不觉的早到了十二月二十八的那一天，腊鼓迎年，屠苏献岁，万家爆竹，大地回春。秋谷在家里头没有什么事，便和太夫人讲些外面的事情，说些街巷的笑话。有时候带着一妻一妾，同着太夫人抢状元筹、掷辩升官图；掷得不耐烦，便四个人打一局麻雀，和哄得太夫人甚是高兴。

清代刘献廷《广阳杂记》卷四，内容摘录如下：

予在衙署中度岁，日闻堂中竞掷升官图喧笑，不知此中有何意味，而诸公耽之至此。予欲取两汉、魏晋、南北朝、隋唐、宋元选举职官，各为《升官图》一纸，《升官图说》一册，置学舍中，节日暇时，病赊课毕，以此消遣，久之而历朝选举、职官、考课、铨选之法，皆了了矣，亦读史之一助也，贤于博弈远矣。

刘献廷的意见，透露出"升官图"也就是"彩选"系统与单纯的赌博不同，对文化水平要求较高，而且可以寓学习于游戏之中。这个意见很值得重视，至今还有借鉴意义。"非典"期间，许多人被禁闭在家里，无聊。报载一位女中学生就利用升官图的原理，发明一种脱病无恙图，中列有如勤洗手和戴口罩者晋级、打针一个周期期满者出院之类级别。"非典"禁锢迅速解除，此项发明未见推广。但它昭示我们：新式"彩选"大有用武之地也。

二

大体上自唐代以来，已有若干关于"彩选""骰子选格"与"升官图"的记述与考证。先说考证，个人所见，其中以清代大学者赵翼《陔馀丛考》卷三十三"升官图"条考证较为明晰，先备录如下：

世俗局戏有"升官图"，开列大小官位于纸上，以明琼掷之，计点数之多寡，以定升降。房千里有《骰子选格序》云："以穴骼双双为戏，更投局上，以数多少为进身职官之差，丰贵而约贱，有为尉掾而止者，有贵为将相者，有连得美名而后不振者，有始甚微而倏然升上位者；大凡得失不系贤不肖，但卜其偶不偶耳。"此即"升官图"所由本也。东坡文云："流俗经营，倘来惴惴，惟恐后于他人，何异掷骰者心动于中而色形于外也。"王逢原《彩选》诗云："卒无及第效，徒有高人气。昏昏忘其大，扰扰争其细。"见《黄常明诗话》。可见此戏唐以来已有之。王阮亭谓："彩选始唐李邰，宋尹师鲁踵而为之。元丰官制行，有宋保国老又更定之。刘贡父则取西汉官秩为之，又取本传所以升黜之语注其下，其兄原父喜而序之。"此所述尤为详备。而赵明远亦有《彩选格》，见沈作哲《寓简》。又宋时有"选仙图"，亦用骰子比色，先为散仙，次为上洞，以渐至蓬莱、大罗等列仙。其比色之法，首重排四，次六与三，最下者幺。凡有过失者，谪作采樵、思凡之人，遇胜色仍复位。王珪宫词有云："尽日窗间赌选仙，小娃争觅倒盆钱。上筹须占蓬莱岛，一掷乘鸾出洞天。"亦彩选之类也。今"升官图"一名"百官铎"，有明一代官制略备，以明琼掷之定迁擢，有赃则降罚，相传为倪鸿宝所造。又有"忠佞升官图"，有严嵩、杨椒山诸人，则以人品优劣定胜负矣。又有判为三教者，各以彩色定进身之途，则亦选仙之流也。《辽史》兴宗晚年倦勤，用人不能自择，令各掷骰子，以采胜者官之，则真以骰子选官矣。

(见《耶律严传》)

以下，大略按时代顺序，将一些资料排列于下，有的略附评议。

《全唐文》卷七六〇载有房千里《骰子选格序》：

古之序班位，列爵禄，非独以理万民总百事也，用以别白贤不肖。尧为君，舜为相，其下有共、鲧焉；成王为君，周公为相，其下有管、蔡焉。舜、周公之贵，非幸也，宜也；共、鲧、管、蔡之殛放，非不幸也，宜也。故贤者宜进之，虽已贵，益其禄厚其爵不为幸；不肖者宜退之，虽已贱，夺其廪削其秩不为憨。由是人用自励，迁善去恶，强奋自笃。后代寝微，升于上者不必贤，沉于下者不必愚。得不必功，失不必过。贤者知其善不足恃，耻比肩而趋，故贤未尝进；不肖者知其恶不果弃，惟奋臂而逞，故不肖未尝退。有贤者退，人虽心知之，卒无奈何，且曰非人也，命也；有不肖者进，人虽心知之，又无可奈何，亦曰非人也，命也。以是善不劝而恶不悛，率曰付诸命而已矣。果如是，圣人所谓仁义忠信者，何足道哉！姑征其有命无命耳。悲夫！斯后代之不可复古，岂不由是也。

开成三年春，予自海上北徙，舟行次洞庭之阳，有风甚急，系船野浦下三日。遇二三子号进士者，以六觳双双为戏，更投局上，以数多少为进身职官之差数，丰贵而约贱。卒局，座客有为尉掾而止者，有贵为相臣将臣者，有连得美名而后不振者，有始甚微而擢升于上位者。大凡得失，酷似前所谓不系贤不肖，但卜其遇不遇耳。达人以生死为劳息，万物为一马。果如是，吾今之贵者，安知其不果贱哉！彼真为贵者，乃数年之荣耳。吾今贵者，亦数刻之乐耳。虽久促稍异，其归于遇也同。列御寇叙穆天子梦游事，近者沈拾遗述枕中事，彼皆异类微物，且犹窃爵位以加人，或一瞬为数十岁。吾果斯人也，又安知数刻之乐，果不及数年之荣耶。因条所置进身职官迁黜之目，为觳子选格序。

按：此文恐系有关升官图也就是彩选的现存最早的系统化记录。年代季节明确：开成三年春（838年）；地点也明确：洞庭湖北岸。

三

以下，略引宋代诗词，以其在使用专有名词上有颇值得注意之处：

宋代孔平仲《清江三孔集》卷二三有《选官图口号》：

> 环合官图展，观呼象子圆。
> 飞腾随八赤，摧折在双玄。
> 已贵翻投裔，将薨却上天。
> 须臾文换武，俄顷后驰先。
> 错杂贤愚品，偏颇造化权。
> 望移情（豫章本作睛）欲脱，患失胆俱悬。
> 愠色观三巳，豪心待九迁。
> 宁知即罢局，荣辱两茫然。

宋代李新《武功驿留题》：

> 雾卷马蹄尘自起，东风送渡咸阳水。
> 故园花木绿成围，犹向关中见桃李。
> 闻道春前雪最深，行人僵死薪如金。
> 羲和不肯为日驭，潜入北海分幽阴。
> 长安今过何曾识，此度刘郎老于昔。
> 终南入望眼长青，渭水翻波心更赤。

只今身在选官图，梦守么么五十馀。
衣轻跃骏美年少，爱尔平时不读书。

宋代陈垓，有一首绝句：

砚干笔秃墨糊涂，半夜敲门送省符。
掷得么么监岳庙，恰如输了选官图。

按：据宋代俞文豹《吹剑录》载：陈漫翁监转般仓，与镇江守乔平章争一事，平章乞回避，漫翁得岳祠。吏持牒索回文，漫翁就书一绝云。可见，当时是用两个骰子掷的，掷出两个么点，陈垓（陈漫翁）退休了。"监岳（山岳的岳）祠"在宋代就是给予领导一处道教庙宇的头衔，领干薪，一般不用去上班的。

宋代许棐有《选官图》诗：

排衔累职甚分明，除罢皆由彩色行。
纵有黄金无好采，也难平白到公卿。

宋代胡仲弓有《选官图》诗：

百年穷仕宦，尽在此图中。
真假名虽别，升沉理则同。
前程如漆黑，末着满盘红。

时采毋虚掷,平迁至上公。

我们要注意:以上各诗,均称"选官图",可见这是"升官图"在宋代的通称。

再举《全宋词》中两例:

姚云文《沁园春·归田作》:

看做官来,只似儿时,掷选官图。如琼崖儋岸,浑么便去,翰林给舍,喝采曾除。都一掷间,许多般样,输了还赢赢了输。回头看,这浮云富贵,到底花虚。吾生谁毁谁誉。任荆棘丛丛满仕途。叹塞翁失马,祸也福也,蕉间得鹿,真欤梦欤?何怨何尤,自歌自笑,天要吾侪更读书。归去也,向竹松深处,结个茅庐。

……

吕渭老《浣溪沙·彩选》:

彩选骰儿隔袖拈。整钗微见玉纤纤。夜寒窗外更垂帘。好事灯花双作蕊,照人月影入斜檐。新愁日日座中添。

我们看出,宋词中,在涉及女性时,不用"选官图"而用"彩选"以代之。臆度:当时妇女,特别是青年女性掷的八成是"选仙图"一类的"彩选"。宋代人是将此类彩选与选官图严格区分开的。

四

清代钱泳《履园丛话·丛话二十一·笑柄》有"升官图"条，内容摘录如下：

> 韩城师禹门太守两次落职，余作书慰之曰："一官何足介意耶，亦如掷升官图，其得失不系乎贤不肖，但卜其遇不遇耳。"太守阅之，为之解颐。

这就是苏先生大文中最后一节中慨叹的"仕途诡谲""宦海浮沉"了！

唐代士子与樱桃

樱桃,学名 prumus pseudocerasus,属于蔷薇科,落叶灌木,经过栽培可成为小乔木。我国各地普遍栽植。樱桃花是很美的:花蕾红色,开放后花冠白色或略带红色,是著名的观赏植物。樱桃果实小,球形,带长柄,鲜红色,滋味甜中微酸。除了生吃,还可加工成果酱、果酒等。相对于果肉来说,樱桃的核很大,有人戏称之为"核果"。中医用它的核来透发麻疹。

樱桃结实于早春,较之其他水果成熟要早。而且,果实一成熟就得采摘,否则,就会被"流莺"等鸟类抢先啄食。古人很看重这一点。《礼记·月令》中"仲夏之月":"天子乃以雏尝黍,羞以含桃。先荐寝庙。"郑玄注:"含桃,樱桃。"《吕氏春秋·仲夏纪》《淮南子·时则训》等亦有类似记载。《史记·叔孙通传》:"孝惠帝曾春出,游离宫。叔孙生曰:'古者有春尝果。方今樱桃熟,可献。愿陛下出,因取樱桃献宗庙。'上乃许之。诸果献由此兴。"叔孙通是汉代初年"度务制礼，进退与时变化"的大师，趁秦代覆亡天下大乱之后，说服汉高祖以至惠帝等，逐步推行儒家礼教。"荐樱桃于宗庙"不过是他的一个小小手法，以示在尝新之前，先表"敬天法祖""慎终追远"之意。此后各个朝代，大体上也就因袭下来了。唐代特别重视，而且有所发展。天子祭祀献祭毕，立即分赐相关人等，一起尝新。而且有时让百官等进入御苑自行摘食。颇有一些相关记录，如常被称引的《旧唐书·中宗本纪》所载："夏四月丁亥，上游樱桃园，引中书门下五品以上诸司长官学士等入芳林园尝樱桃。便令马上口摘，置酒为乐。"以上都是常识，啰唆说了一大套，不过是套话、开场白。说实话，我就不爱吃樱桃，认为果肉少，还不够吐核儿的呢！可是，唐代的人，尤其是盛唐以至中晚唐时期住在长安和东都洛阳的人，特别是皇帝、百官以及士子，却不是这样看的。

先说樱桃树和樱桃花。唐代的宫殿内、园林中，以至权贵、名流、仕女住宅等地，处处栽种樱桃。初春樱桃花开，繁英如雪之时，似蜜样香甜的花心招蜂引蝶，也引来万人如海，元稹诗中所谓"同醉樱桃林下春"（《全唐诗》卷四一一）者是也。当代日本人看樱花的盛况庶几近之。唐诗中习见描述，试举几句为例：

刘禹锡《和乐天宴李周美中丞宅赏樱花》："樱桃千万枝，照耀如雪天。王孙宴其下，隔水疑神仙。"

李德裕《樱桃花》："皎日照芳菲，鲜葩含素辉。……风静阴盈砌，露浓香入衣。"

温庭筠《二月十五日樱桃盛开》："晓觉笼烟重，春深染雪轻。静应留得蝶，繁欲不胜莺。影乱晨飙急，香多衣雨晴。"

张籍《和裴仆射看樱桃花》："昨日南辕新雨后，樱桃花发旧枝柯。天明不待人同看，绕树重重履迹多。"

白居易《酬韩侍郎、张博士雨后游曲江见寄》："小园新种红樱树，闲绕花枝便当游。何必更随鞍马队，衔泥踏雨曲江头。"

从以上各诗再参以其他文献，可知：

隋唐两代，公共场所以及较为名贵的住宅，都以种植樱桃为风尚。如唐代杜宝撰《大业杂记》所述："东都大城，周回七十三里一百五十步，西拒王城，东越涧，南跨洛用，北逾谷水。宫城东西五里二百步，南北七里。城南东西各两重，南临洛水，开大道，对端门，名端门街，一名天津街。阔一百步，道旁植樱桃、石榴两行。自端门至建国门，南北九里，四望成行，人由其下。中为御道，通泉流渠，映带其间。端门即宫南正门。重楼上重名太微观，临大街。直南二十里，正当龙门。"记的是隋都洛阳的建置。樱桃树是重要的行道树。唐承隋制，于东都大格局无所更张。至于园林，如《唐两京城坊考》卷一中所记，西京长安大内的西内苑（北苑）有樱桃园，而上引刘禹锡诗中所说的"李周美中水宅赏樱花"，指的就是后来《唐两京城坊考》卷五所记，洛阳履信坊内的"太子宾客李仍淑（叔）宅"："宅有樱桃池,仍淑(叔)尝与白居易、刘禹锡会其上。"那可是东都名园,叠见刘、白吟咏。樱桃园甚至成为一种引路标志性的建筑物,如《玄怪录》卷一"裴谌"条,裴谌对王敬伯说,到广陵后可以去找他:"青辕桥东,有数里樱桃园,园北车门,即吾宅也。"裴谌已成仙,那可是神仙第宅。至于一般平民家中,也以栽种樱桃树为时尚。可参看《霍小玉传》记载:小玉家住长安朱雀门街第四街胜业坊,李益初次往访,"引入中门,庭间有四樱桃树,西北悬一鹦鹉笼"。"樱桃树"说明居住主人身份不低,但也不太高,只能在庭院中种植,达不到拥有樱桃园林的水准,只可如丁仙芝《余杭醉歌赠吴山人》一诗所云"满庭新种樱桃树"(《全唐诗》卷一一四),也就是了。霍小玉家的院子里靠"西北"(显然是正房房廊一角)设鹦鹉笼,乃是有钱悠闲的青少年女性的宠物。令人想起,明末清初秦淮河名妓以至扬州勾人入彀的高级"瘦马"家的陈设,与此异曲同工。这真是对典型环境的典型描写。

再说敕赐樱桃的事。相关资料甚多,典型的有:

王维《敕赐百官樱桃(时为文部郎)》:"芙蓉阙下会千官,紫禁朱樱出上栏。才是寝园春荐后,非关御苑鸟衔残。归鞍竞带青丝笼,中使频倾赤玉盘。饱食不须愁内热,大官还有蔗浆寒。"

(《全唐诗》卷一二八)

崔兴宗《和王维〈敕赐百官樱桃〉》："未央朝谒正逶迤，天上樱桃锡此时。……闻道令人好颜色，《神农本草》自应知。"

（《全唐诗》卷一二九）

王维的这首诗，堪称"诗史"，描述了赐予人等：百官；地点：庙堂；赐予时间：春荐寝庙之后，新摘的果子；赐予方式：由"内使"手持"赤玉盘"（取其与樱桃同色），往"青丝笼"里倾倒。赐予不少，够饱餐一顿的，后续的还有"防内热"的"蔗浆"（可见当时制砂糖之法尚在萌芽与学习阶段，如大量配合给予，只能喝轧出的甘蔗浆也。唐人记载，食用樱桃常和以精、酪，那种精也许是饴糖）。

还可再举几首：

王建《宫词》："白玉窗前起草臣，樱桃初赤赐尝新。殿头传语金阶远，只进词来谢圣人。"

（《全唐诗》卷三〇二）

和凝《宫词》："金鸾双立紫檀槽，暖殿无风韵自高。含笑试弹红蕊调，君王宣赐酪樱桃。"

（《全唐诗》卷七三五）

从上举二诗可见，受赐词臣以及其他受赐者是要进表谢恩的，今所见有柳宗元的《为武中丞谢赐樱桃表》可证。赐樱桃时，除了蔗浆之外，有时赐酪，作为伴食之物。

值得注意的是，唐代新进士及第，时间与采摘樱桃相衔接。那时的新进士及第后，要聚会狂欢一大阵子，不断地开宴会。五代王定保《唐摭言》卷三"宴名"条就载有："大相识，次相识，小相识，闻喜，樱桃，月灯，打球，牡丹，看佛牙，关宴。"《唐两京城坊考》卷四"崇圣寺"条引《辇下岁时记》："进士樱桃宴，在崇圣寺佛牙阁上。"（《辇下岁时记》，唐人佚名撰，单行本失传，今所见，宋代宋敏求《长安志》似首引之）由于宴会太多，有的缺少钱财的新进士就顶不住。试看下则：

《唐摭言》卷三："新进士尤重樱桃宴。乾符四年，永宁刘公第二子覃及第；时公以故相镇淮南，敕邸吏日以银一铤资覃醵罚，而覃所费往往数倍。邸吏以闻，公命取足而已。会时及荐新，状元方议醵率，覃潜遣人厚以金帛预购数十硕矣。于是独置是宴，大会公卿。时京国樱桃初出；虽贵达未适口，而覃山积铺席，复和以糖酪者，人享蛮画一小盎，亦不啻数升。以至参御辈，靡不沾足。"

这是阔少爷"撒漫"。可以与此对照的，则有同载于此书卷三的"蒋泳""柳璨"两条，这两位缺钱，没有自己的驴（新登科者与会必骑，亦即必备之物，没有的当场受罚，蒋泳受罚；柳璨借来的驴被牵走处理，以致无法向原主交代）。以之与樱桃无直接关联，我们不赘引了。

大乱之后，特别是安史之乱与黄巢进京之后，士子乃至由士子变成的官吏，丧乱之余，"故国平居有所思"之际，往往会把盛世与敕赐樱桃联系起来。

顾况《樱桃曲》："百舌犹来上苑花，游人独自忆京华。遥知寝庙尝新后，敕赐樱桃向几家。"（《全唐诗》卷二六七）。

特别是诗圣、"诗史"杜甫，更是念念不忘：

《往在》："赤墀樱桃枝，隐映银丝笼。千春荐灵寝，永永垂无穷。"（《杜诗详注》卷一六）。

《收京三首》（之三）："赏应歌杕杜，归及荐樱桃。"（《杜诗详注》卷五）。

《野人送朱樱》："西蜀樱桃也自红，野人相赠满筠笼。……

忆昨赐霑门下省，退朝擎出大明宫。金盘玉箸无消息，此日尝新任转蓬。"（《杜诗详注》卷一一）。

经历过抗战，有过"漂泊西南天地间"经历的现代人，可能有类似的荆棘铜驼之感也。可惜这样的人越来越少了。

尚可指出，唐代士子一想到樱桃，往往会与某些浪漫想法特别是男女之间的往来纠缠在一起。唐代女性点口红，不似当代人的抹全唇，而是朱樱一点。这在流传的唐代画作中多有反映。李商隐《赠歌妓》："红绽樱桃含白雪，断肠声里唱《阳关》。"孟棨《本事诗·事感第二》："白尚书（按：白居易）姬人樊素善歌，姬人小蛮善舞。尝为诗曰：'樱桃樊素口，杨柳小蛮腰。'"是为代表作，说的都是女艺术家唱歌。流览所及，尚有以下数事：

> 成式姑婿裴元裕言："群从中有悦邻女者，梦女遗二樱桃食之。及觉，核坠枕侧。"
>
> （《酉阳杂俎》卷八"梦"）

西方的谚语："男女之爱，始于接吻，终于免身。"按蔼理士（Havelock Ellis）的《性心理学》，"梦是心头想"，再结合弗洛伊德（Sigmund Freud）《梦的解析》的见解，共同解释，梦女遗樱桃，八成是对两次接吻的折射性梦呓吧！后来贾宝玉爱吃丫鬟嘴唇上的胭脂，与此遥相呼应焉[1]。尚有近似者，是为《太平广记》卷二八一"梦游上"中的"樱桃青衣"一条，文繁不录，仅叙其片断梗概：天宝初年，范阳子在长安应举，老是考不中。下第后的某一天，去听和尚"俗讲"解闷，睡着了，梦见一位"青衣"（婢女）在门下坐，带着一篮樱桃。这可是进士宴会上的重要食物，应时当令的。于是，两个人搭咕上了，一起吃樱桃。证以我们前述，此种举动似带有暗示恋爱嬉戏性质，不然，何以那位青衣马上帮忙，与卢子牵线搭桥呢？青衣

---

[1] 后代冯梦龙《山歌》卷七"私情杂体"有"吃樱桃"："日落西山影弗高，姐担子竹榜打樱桃。打子四九三十六个樱桃，安在红篮里，要郎摸奶吃樱桃。"双关隐喻接吻摸乳房更为明显。

在引荐后隐去,以下的事与她无干,就不复赘言。尚可补充:唐人屡屡记录盛樱桃的容器,有"赤玉盘",携带则用"笼",有"青丝笼"(所谓"青丝为笼系"者是也),有"筠笼"("野人"所用)。令狐楚有《进金花银樱桃笼状》,那可是太贵重的容器了。听说当代送月饼,有用金匣子、银匣子的,真乃异曲同工也。

中国俗文学作品中有一种类型,即把两种相辅相成的事物联系在一起,让它们互相攻击嘲讽。如《敦煌变文集》中所载《茶酒论》等。明代俗文学作品《茶酒争奇》《花鸟争奇》等,均是。我们注意到李商隐的两首小诗(《李商隐诗歌集解》第1582—1583页):

珠实虽先熟,琼荄纵早开。流莺犹故在,争得讳含来!

(《百果嘲樱桃》)

众果莫相诮,天生名品高。何因古乐府,唯有郑樱桃?

(《樱桃答》)

它们也属于上述两相对嘲类型。有一点特殊:一大群对一个。可见樱桃在唐代人心目中的地位也。(附言:这两首诗似乎是譬喻型的,隐喻一批不得宠的女性对得宠者的嘲弄。

暗含着攻击对方在受主子宠爱以前曾被人"梳栊"过。）还有那皇甫枚《三水小牍》"却要"条："尝过清明节，时纤月娟娟，庭花烂漫，中堂垂绣幕，背银缸，而却要遇大郎于樱桃花影中，大郎乃持之求偶。"（《太平广记》卷二十五。为今所见最早引文）可是要来真的了！

最后要说到一件趣事，《太平广记》卷四九五"史思明"条："安禄山败，史思明继逆。至东都，遇樱桃熟，其子在河北，欲寄遗之。因作诗同去。诗云：'樱桃一笼子，半已赤，半已黄。一半与怀王，一半与周至（贽）。'待成，左右赞美之，皆曰：'明公此诗大佳。若能言'一半周至（贽），一半怀王'，即与'黄'字声势稍稳。'思明大怒曰：'我儿岂可居周至（贽）之下！'……思明子伪封怀王，周至（贽）即其傅也。"（注：出自《芝田录》。《芝田录》乃唐代丁用晦所著，未见单行传本，早期引用者即《太平广记》）这里起码显示出三个问题：一是文艺作品的政治标准与艺术标准孰先孰后。二是西宾（老师）与少爷（王子）谁更重要。三是樱桃在当时人心目中确属带有一些赐予象征性的重要水果。不然，史思明不是诗人，何至于时兴之所至，写起顺口溜来呢。

附　记

由于中国古代妇女点唇只点唇中，上下形成一个圆点，而不是涂抹全唇，所以，"樱桃""樱桃颗""樱唇"常用来比喻盛妆的少女以至中青年妇女的嘴唇，进而引起接吻之类的爱情联想。在这一点上，清季宣鼎《夜雨秋灯录》卷四中"谷慧儿"一条，有十分生动的描述。说的是，一位耍杂技的少女，在戏场上瞥见一位文武全才的男青年，对他产生好感，于是："瞥见生杂人丛中，如鸡群鹤立，凝睇不忍去。生亦受其美，溜眼波焉。少时，生渴思饮（爱情的饥渴），女子百步外遽掷樱桃入生口，屡掷屡中，如弹无虚发。"这可是"飞吻"的具体化，而且目标极为明确，不像飞吻之看来似乎漫无目的。散场后，"生茕茕步芳郊，女突于身后牵衣，问姓名居址，详告之。又以绣帕裹樱桃百颗赠生"，比"樱桃青衣"的爱情意味就更明显了。我们引此，作为本文的注脚，借以说明，樱桃与爱情的关系，爰及清季，余波尚传，且有愈演愈烈之势。这可是中国式的。

笔床茶灶　雨笠烟蓑

笔墨纸砚，是中国传统的文房四宝。它们各有并共有与之配套的种种器具，可以笼而统之将之合称为"文房用具"。我在阅读学习的一本华慈祥先生所著的《文物鉴赏丛书·文房用具》（上海书店出版社2004年版），还有一部朱季黄（家溍）先生主编的《中国文房四宝全集·4·文房清供》（北京出版社2008年版），这一卷是由副主编张荣先生主编的，都是专门讲这些用具的。华先生是从文物鉴赏角度讲的，朱、张等位先生主编的更是一本图录。我在阅读中受到启发，并从而查阅其他文献，从另外的角度考虑，个人有了一些心得体会。这里要汇报的，就是如题目所示，属于"笔床茶灶""雨笠烟蓑"的事，而且以"笔床"为主。凡是上述两书中讲过的话，引用过的材料，请读者自行观览他们的书，我则尽可能地避免重复。

"笔床"是放置毛笔的器具。"笔架"是放置毛笔的器具，

笔床

从安置方式区分，大体上可以将它们归纳成：

笔格，亦可称作笔山、笔搁等，是斜着搁笔的工具。形式多种多样，常见的是山字形，在山字形基础上变化颇多。可说最常见常用的置笔用具[①]。

笔床和笔船都是平卧式搁笔的工具，性质和用法相同，不过笔船制作成船形罢了。但笔床明清以来少见，笔船更少见，使用者不多[②]。据我粗略统计，《中国文房四宝全集·4·文房清供》一书中以图文并茂形式著录笔床、笔船仅各一件，笔架二十三件，笔插三件，笔筒五十件，文具盒九件。从而可以看出它们的流行程度。

《文房用具》一书中分析笔格与笔床的优劣，计有两条：

[①] 明代高濂撰《雅尚斋遵生八笺》卷十五"笔格"条："有玉为山形者，为卧仙者；有珊瑚者，有玛瑙者，有水精者，有刻犀者。匪直新制，旧做亦多。……旧玉子母六猫，长七寸，以母横卧为坐，以子猫起伏为格，真奇物也。……余斋一石，蟠屈状龙，不假斧凿，亦奇物也。可架笔三矢。"可见笔格制法、质料变化之多。

[②] 同上书同卷"笔床"条："笔床之制，行世甚少。余得一古鎏笔床，长六寸二分，阔二十馀，如一架然。上可卧笔四矢。以此为式，用紫檀、乌木为之，亦佳。"又，"笔船"条："有紫檀、乌木细镶竹篾者，精甚。又以牙玉为之者，亦佳。"

"把笔搁在笔格，只需将笔管的一端放上，而大多数的笔床两端都有凹槽，笔管的两端都要嵌入笔床上的凹槽，笔格在使用上的方便是显而易见的。""笔格在造型上的多样性、随意性，会更受文人的青睐。"关于第二点，还可扩充：受到大多数使用者的青睐。

不论是笔格还是笔床，都宜于在使用毛笔的短暂停留过程中使用，可以不必非得加笔帽，笔床、笔船更是如此。下面的两大类用具就不行了。

一类是笔插，属于直立型插笔用具。那是要连着笔帽插进去的。据我看，属于一种艺术造型颇为鲜明的异型笔筒，不止能插一支笔。有的"笔插"自带笔帽，乃是一种近代办公室中流行的"笔插"，常为铜制，也有瓷器等资质的，特点为自带几个——常为四至五个——插中小型毛笔的笔帽。铜质的，账房先生等惯用，不登大雅之堂。有人也称之为"笔架"。但是，能登大雅之堂的真正的"笔架"乃是另一种，供国画家、书法家等使用，常以贵重木材如花梨、紫檀等制成，切不可用铜制，金银制也不成——那就俗气啦！这种笔架是挂笔用的。一挂一排，均不用笔帽。能挂上的笔是特制的，笔管上端带有红丝绳之类，以便于悬挂。一般的书桌放不下它，须有大型画案、书案安置。附带要有大型涮笔用具。上述笔插类器具，大体上均为停放毛笔专用。

笔筒是大众化的安置文房用具的用具，除了毛笔，在现当代早用以放置别的笔：铅笔、钢笔、圆珠笔、签字笔等以及尺子、圆规什么的，只要是长条状的东西，均便于安置取用。形式多种多样，大小不一，流行时间极长，至今生命力不衰。更有西方传入的易于携带的铅笔盒，大中小学学生几乎人手一盒，那已是"舶来品"的国产化，不属于"国粹"，不赘述。但应注意的是：一、中国古来早有自己的放置文房四宝的文具盒，不过比起西方传入的便携式铅笔盒来，一般比较贵重与沉重，不易普及罢了。但是，中国传统文具盒形式多样化①。二、毛笔纳入笔筒甚或是铅笔盒，一定要戴上自己的笔帽，下次取用时还不如削好的铅笔，抄起来就能使呢。这也证明，笔筒用来盛放别的笔和其他文具，比起放毛笔还好使，故而生命力强。

综上所言，笔床及与之同类的笔船，使用者不多，早已淡出历史舞台。最常用的恐怕还是笔筒。证以我手头的朱赛虹女史主纂的《清代御制诗文篇目通检》（同心出版社2007年12月出版），从中检出，皇上的诗文题目里，提到"笔筒"的计有三十八处，"笔帽"一处，没提"笔床""笔格"，清宫中绝对有相当数量的正规的笔床和笔格，但未见反映，可见，跟皇帝朝夕相处的，还是笔筒。

可是，在唐代以下直至近代的文献中，特别是在诗词曲等文学作品里，一提到放置毛笔的器具，在特定环境中，差

---

① 明代高濂撰《雅尚斋遵生八笺》卷十五"文具匣"条："匣制三格，有四格者。用提架。总藏器具。非为观美，不必镶嵌、雕刻求奇。花梨木为之足矣。亦不用竹丝蟠口镶ινα，费工无益，反致坏速。"这有点像是小型文具柜了，亦可看出中国文房器物之多且杂。若舶来品样式的笔盒，光盛铅笔及其他笔类，以及橡皮、直尺、圆规等物，就用不着做得那么大了。

不多总是把"笔床"摆出来,而且把它和"茶灶"并举。"茶灶"可以置换成"茶具""茶瓯"——但不得换成"茶壶"——之类,笔床不能置换。这是为什么呢?原来,根子在唐代陆龟蒙的一篇自传体作品《甫里先生传》那里。下举载于《全唐文》八百零一卷中的此文片段:

> 甫里先生者,不知何许人也,人见其耕于甫里,故云。先生性野逸无羁检,好读古圣人书。探六经,识大义。
>
> 先生平居以文章自怡,虽幽忧疾痛中,落然无旬日生计,未尝暂辍。点窜涂抹者,纸札相压,投于箱篚中,历年不能净。写一本,或为好事者取去,后于他人家见,亦不复谓己作矣。少攻歌诗,欲与造物者争柄。遇事辄变化,不一其体裁。始则凌轹波涛,穿险穴固,囚锁怪异,破阵碎敌,卒造平淡而后已。好洁,几格、窗户、砚席,翦然无尘埃。……朱黄二毫,未尝一日去于手。
>
> 先生贫而不言利。问之,对曰:"利者,商也,人既士矣,奈何乱四人之业乎?且仲尼孟轲氏之所不许。"先生之居,有池数亩,有屋三十楹,有田畸十万步,有牛不减四十蹄,有耕夫百余指。而田卑下,暑雨一昼夜,则与江通,无别己田他田也。先生由是苦饥,仓无升斗蓄积,乃躬负畚锸,率耕夫以为具。由是岁波虽狂,不能跳吾防、溺吾稼也。或讥刺之,先生曰:"尧舜霉瘠,大禹胝胼。彼非圣人耶?吾一布衣耳。不勤勋,何以为

妻子之天乎？且与其杀虱名器雀鼠仓庾者何如哉？"先生嗜茶荈，置小园于顾渚山下，岁入茶租十许，簿为瓯蚁之费。自为《品第书》一篇，继《茶经》《茶诀》之后。南阳张又新尝为《水说》，凡七等，其二曰"惠山寺石泉"，其三曰"虎丘寺石井"，其六曰"吴松江"，是三水距先生远不百里，高僧逸人时致之，以助其好。先生始以喜酒得疾，血败气索者二年，而后能起。有客至，亦洁樽置觯，但不复引满向口耳。性不喜与俗人交，虽诣门不得见也。不置车马，不务庆吊。内外姻党，伏腊丧祭，未尝及时往。或寒暑得中，体佳无事时，则乘小舟，设篷席赍一束书，茶灶、笔床、钓具、棹船郎而已。所诣小不会意，径还不留，虽水禽决起山鹿骇走之不若也。人谓之江湖散人，先生乃著《江湖散人传》而歌咏之……

陆龟蒙的"一人之交"皮日休，写过《茶中杂咏》十首，其中有一首《茶灶》，陆龟蒙和了十首杂咏。现将二人各一首《茶灶》录出：

南山茶事动，灶起岩根傍。水煮石发气，薪然杉脂香。青琼蒸后凝，绿髓炊来光。如何重辛苦，一一输膏粱。（皮日休作）

无突抱轻岚,有烟映初旭。盈锅玉泉沸,满甑云芽热。奇香袭春桂,嫩色凌秋菊。炀者若吾徒,年年看不足。(陆龟蒙作。题下有注:《经》云:"茶灶无突"。)

可见,皮、陆二氏所见所用的"茶灶"是真的。至于后代如明代绘画中的童子煮茶,如《五言唐诗画谱》(《五言唐诗画谱》童子煮茶图)中所示,是不是唐人旧制,那就是天晓得了。但那是没烟囱的小火炉,可见是参考过上述诗句的。明清传世图画中所见,大略如是。

陆龟蒙的生平,见于《新唐书》卷一九六《隐逸传》,《唐摭言》卷一零、《北梦琐言》卷六、《唐才子传》卷八等书籍中所记,大半均录自《甫里先生传》。综合这些记录,可以得出:

陆龟蒙是一位著名的隐士,工诗文;他爱种茶、饮茶,有这方面的著作;他隐居在今太湖之畔即苏州一带,以耕读自娱;他在身体好的空闲时候,就驾小船出游,船上必备的设备有笔床、茶灶。有人给他驾船。船的所有权极可能属于他。

这是一位中古以下旧社会中士大夫、文人雅士、高级清客等人心目中希望企及的高士典型。其活动地域,得在江湖水乡;生活条件则应处于中小地主水平,还得有点陶朱公的算计;他可得生活在比较承平的时代。至于他的典型道具,后人为他选定了笔床、茶灶。久而久之,笔床加上茶灶,便成了典故,用以作高士的陪衬。明清之间流行的蒙学初学故事小类书《龙文鞭影》，在"十一真"里就列有"笔床茶灶，羽扇纶巾"，已经形成典故了：前者以部分代全体的道具表现陆龟蒙类型独善其身的高士，后者以代表性衣饰用具打扮兼济天下的诸葛亮式贤臣。二者均为文士，属于当时的高级知识分子，分别属于"穷则独善其身""达则兼济天下"的两种理想类型。

必须注意的是，在成为典故的过程中，茶灶可换成"茶瓯""茶具"等，有其不固定性；笔床则不能换。毛锥是文人的命根子，与音乐家手中的乐器同等，所谓"文园渴甚兼贫甚，只典征裘不典琴"（清代黄仲则诗句）者是也。

以"笔床、茶灶"为典故，大盛于南宋。江南一带是水乡，宋金和议后有较长的相对和平时期，中国的士大夫中较为正派至少是自认正派而在朝中不得志者是大批的，高级清客如姜白石者也不少。于是，诗文中"笔床、茶灶"不断出现，加上大型道具"篷船"者也不少见，更有以"雨笠烟蓑"来形容。实际上，后世穷酸能自备船只者恐怕绝无仅有，能租船的也未必多，八成得赶趁阔大爷的。正如周邦彦《满庭芳·夏日溧水无想山作》中所写："黄芦苦竹，拟泛九江船。"他是想模拟江州司马白居易，消遣不得志的闲愁，去泛舟的。可是，清代陈廷焯的《白雨斋词话》点出："九江之船卒未尝泛。"其实，就连当年白居易坐的那条船也不是自己的。周邦彦有没有船可坐，还是个问题呢！反正在词中没有坐成。后世文人在大多数情况下避免笔下出现"篷船"这类大型道具，就是"笔床、茶灶"也不甚拘泥非得原汁原味，八成有个笔山或笔筒，也就当笔床看。典故嘛，何必当真。

宋代以下，使用"笔床、茶灶"当典故、做道具的，触目可见，举不胜举。姑举出数例，以概其余。

以下从《全宋词》中选录，录其书中页码：

胡仔《满江红》（1071页）：

泛宅浮家，何处好？苕溪清境，占云山万迭，烟波千顷。茶灶笔床浑不用，雪蓑月笛偏相称。争不教二纪赋归来，甘幽屏。红尘事，谁能省。青霞志，方高引。任家风舴艋，生涯笭箵。三尺鲈鱼真好脍，一瓢春酒宜闲饮。问此时怀抱向谁论，惟箕颍。

陆游《苏武慢·唐安西湖》（1591页）：

……空记忆，杜曲池台，新丰歌管，怎得故人音信？羁怀易感，老伴无多，谈麈久闲犀柄。惟有翛然，笔床茶灶，自适笋舆烟艇。待绿荷遮岸，红蕖浮水，更乘幽兴。

陆游《沁园春·洞庭春色》（1592页）：

……人间定无可意，怎换得，玉绘丝莼。且钓竿渔艇，笔床茶灶，闲听荷雨，一洗衣尘。……

黄升《西河·己亥秋作》（2299页）：

……少年事，成梦里。客愁付与流水。笔床茶具老空山，未妨肆志。世间富贵要时贤，深居宜有馀味。

张炎《声声慢·赋渔隐》（3476页）：

……欸乃一声归去，对笔床茶灶，寄傲幽情。雨笠风蓑，古意谩说玄真。知鱼淡然自乐，钓清名，空在丝纶。笑未已，笑严陵，还笑渭滨。

《永乐大典》卷8544引《中兴江湖集》：叶嗣宗《贵游》：

五陵年少尽风流，十日安排一日游。
林下幽人差省事，笔床茶灶便登舟。

《文天祥集》卷二《借道冠有赋》：

病中萧散服黄冠，笑倒群儿指为弹。
秘监贺君曾道士，翰林苏子亦祠官。
酒壶钓具有时乐，茶灶笔床随处安。
幸有山阴深密处，他年炼就九还丹。

清代查为仁《莲坡诗话》：

徐电发（钫）属谢（彬）画《枫江渔父图》。渔洋题云："十载吴江狎钓丝，笔床茶具似天随。朝来宣赐莲池鲭，却忆鲈乡亭畔时。"

近代陈衍《石遗室诗话续编》卷五：

无锡沈晴庚，原名杰，后改日莹，字秋白，道光间人……才思纷披……《春游》云："才过清明上冢天，柳棉吹尽又桐棉。夹衣试体宜晴日，绣陌嬉春少年。芳草绿参词客鬓，夕阳红上酒人船。笔床茶灶安排定，一展奚囊五色笺。"

窃以为，这些多半都是用典。真正的笔床、茶灶不一定有。如果去搜查，笔床说不定就是笔插甚至笔筒；茶灶未必是"红泥小火炉"，说不定是自老虎灶上灌水的一把茶壶。想象与现实永远是脱钩的呀！

要说想象，小说家笔下的笔床茶灶，那就纯粹是想象的了，爱怎么编就怎么编。试举瞿佑《剪灯新话》卷四与李祯《剪灯馀话》卷三中各一则，以见一斑：

《龙堂灵会录》：

……陆处士遂离席而陈诗曰："生计萧条具一船，笔床茶灶共周旋。但笼甫里能言鸭，不钓襄江缩项鳊。鼓瑟吹笙传盛事，倒冠落佩预华筵。何须温峤燃犀照，已被旁人作话传。"

《幔亭遇仙录》：

杜馔成，巴丘之逸士，而寓居于建阳。赋性高迈，抗志林泉。畜一小舟，置笔床、茶灶、钓具、酒壶于其中，每夷犹于清溪九曲间，以为常。

这两段中下余的事，请读者自行寻览罢。

有了这个典故以后，要当文人雅士，特别是当高级清客，这类道具是少不了的。当然，可使用代用品，那也得陈列上才是。要写在文章里，还是得正儿八经地写上"笔床""茶灶"（或"茶瓯""茶具"，甚至改成"砚匣""砚盒"）才算正工。

纪晓岚《阅微草堂笔记·卷七·如是我闻一》中有一则故事：

有游士借居万柳堂。夏日，湘帘棐几，列古砚七八，古玉器、铜器、磁器十许，古书册画卷又十许，笔床、水注、酒盏、茶瓯、纸扇、棕拂之类，皆极精致。壁上所粘，亦皆名士笔迹。焚香宴坐，琴声铿然，人望之若神仙。非高轩驷马，不能登其堂也。一日，有道士二人，相携游览，偶过所居，且行且言曰："前辈有及见杜工部者，形状殆如村翁。吾曩在汴京，见山谷、东坡，亦都似措大风味。不及近日名流，有许多家事。"朱导江时遇同行，闻之怪讶，窃随其后。至车马丛杂处，红尘涨合，倏已不见，竟不知是鬼是仙。

纪晓岚老先生把高级清客的一整套道具全都列举出来了，这些就是勾引"高轩驷马"者的钓饵呀！

不但清客使用这些道具，就连某些女性也用这一套：

金陵为古帝王之都，六朝佳丽，馀迹长存。水软山温，花明柳暗。明代创设十三楼，一时章台之盛，冠于东南。粤匪之乱，遭劫最巨，盛时旧物，荡焉无存。数十年来，渐次规复。钓鱼巷娼寮林立，颇擅繁华。顾俗粉庸脂不足当雅人一盼。秦淮湖水之西，一小招提，红兰倒影，胜似画图。旁有庵舍一座，榜曰茶庵。梵呗声出户外，其细若蚕吟，抑扬隐约，知为闺阁中人修行处。扬声入其户，唪经之声截然而止。一中串年尼搴帘出，问客何来，口操吴语，意甚殷殷，且留坐焉。

佛堂三楹，中供大士像，长明灯烬，盛檀香蒸炉中，宝相装严，为之肃然起敬。坐定，互问邦族，通姓名，但言清禅其名，而文漪其字。年约三旬，貌清癯而身瘦削。徐娘丰韵，正好中年。体态苗条，风流自赏。长裙拂地，双钩微露，殊纤小，鞋以革制，宛然新式时世妆。尼帽尼衣，衣以纯黑漳绒为之，臂钏粲然，指环称是。

举止之间，饶有华贵气象。青丝尽披剃，头脚判僧俗，殆谚所谓半路出家者。询其来历，嗫嚅不肯言。语次，小婢报茶熟，婢仍俗妆，亦颇清秀，时邀入内室坐，即其唪经处也。室中陈设精雅，顾器用皆舶来物，而笔床砚盒，位置楚楚，架上书籍数种，与经卷杂相庋，牙签缥帙，修洁而整齐。余谓吾师固精通文翰者，曰："然，通则通矣，精则岂敢。然亦不让念书人双瞳炯炯也。"相与一笑而罢。所居之室，朱兰碧槛，绣幕珠帘，几净窗明，不染尘埃。室分内外两重，外室即所坐处，内室隔以绣阀，似非外人所可涉足。余数属之目，文漪已会意，排阀请观，则见绡帐锦衾，备极华焕，一似名媛闺阁者。浏览一周，为之叹美不置。啜茗毕，告辞归。后询诸人，知文漪盖某观察弃妾也。以犯淫故，勒令披剃为尼。其出家时，所携甚不赀，茶庵屋舍，其以己资特地建筑云。

这位的观察加分析太仔细了，皮里阳秋，入木三分。要引起注意的是：上引材料系自《蚕艳丛书》中检得。这套丛书有324种之多，差不多都是写女性的事的。其中只有一处将"笔床、茶灶"并提。别处写的多为"砚匣笔床""笔床砚滴"，可见，晚清至近代，有点文化与蓄积的女性，已不屑于亲自操持茶事了。至于雨笠烟蓑之事，则将女性排除在外，倒是西湖游船时提到：

湖中之舟，鳞鳞如鲫，易售数百。其稍洁者，辄为有力人所据。半杂以市儿官役，又，否则高髻广额涂脂抹粉之媒母，见之欲呕。予尝论湖申舟居，大胜园居，既远尘嚣，亦鲜剥啄。当月则濯魄冰壶，当暑则披襟荷畔，当雨则泼墨欲狂，当晓则轻霞未散。沉湎濡首，领略方尽。然舟有二，其一红妆成队，士女堵立，玉箫鼙管，一饮百钟，此豪士之快举也。其一则雅姬焚香，俊童捧钓，笔床茶灶，临流赋诗，此韵士之风流也。所好各异，用舫亦别。如随喜庵、水上园等，则宜雅士；水一方、临春楼等，则宜豪士。舍此二者，反木如扁舟一叶，晨夕夷犹于烟波间耳。何可同俗子日午登舟未暮即返哉？

（清代李鼎《西湖小史》"四舫"条）

其实，豪士与韵士，相去者一间耳。都不是"扁舟一叶，晨夕夷犹于烟波间耳"的人。

单说可容"雨笠烟蓑"的"一叶扁舟"罢，那也不是普通人置办得起的。明代著名的苏州文化家族文家，文徵明的曾孙文震亨所著《长物志》卷九"舟车"中，就有对此种江湖散人所乘的扁舟的详细说明，那是给有志于归隐的准隐士作策划呢。备引如下：

形如划船，底惟平，长可三丈有馀，头阔五尺，分为四仓：中仓可容宾主六人，置桌凳、笔床、酒枪、鼎彝、盆玩之属，以轻小为贵；前仓可容僮仆四人，置壶榼、茗炉、茶具之属，后仓隔之以根；傍容小弄，以便出入。中置一榻，一小几。小厨上以板承之，可置书卷、笔砚之属。榻下可置衣厢、虎子之属。慢以板，不以篷簟，两傍不用栏楯，以布绢作帐，用蔽东西日色，无日则高卷，卷以带，不以钩。

他如楼船、方舟诸式，皆俗。

估计唐代江南太湖一带陆龟蒙等隐士的"雨笠烟蓑"座船与此同类。可见，想做高级隐士得像陆龟蒙那样，有一定的资本。就是不乘船，入山，作终南高隐，也得有王维那样的别墅才行。不然，就得像夷齐饿死首阳山啦！

笔床茶灶早成典故，雨笠烟蓑实践甚难！

八仙

一

"八仙"是八位成为一个组织系统的中国道教神仙。他们的形象已经固定化了,并且经常在戏曲、小说和民间传说故事中出现,或是作为传统的雕塑和图画(包括像瓷器等器物上的装饰画)的题材。八仙的形象深入人心,家喻户晓,中国人不知道八仙的甚少。可是,要问问八仙的仙迹,也就是他们有哪些故事流传,各个人的回答可能就不一样了。这是因为,他们的事迹在发展中复杂多变,比如说,谁传道给谁,就有多种说法。各地区各时代都创造出一些自己的八仙传说来。再加上历史资料留下的既不多,内容又混乱矛盾,使人们对八仙的来龙去脉很难说清楚。我们下面所讲的一些,也不过是勉强拼凑出的一个轮廓罢了。

应该首先说明的是,我的老师,已故的北京大学中文系教授浦江清先生（1904—1957），曾于1936年写成《八仙考》一文，历来被认为是研究八仙的权威著作。我们所能说的，概以师说为依归。六十年来，新发现了若干资料，如"脉望馆"原藏的一些"元明杂剧"，还有一些宝卷，以及新中国成立后民间文学工作者在各地进行采风的收获，还有新中国成立后才受到重视的元代山西永乐宫壁画，如山西芮城永乐宫八仙过海（如图所示）等，我们也有选择地参考了。

中国素来有将各种各样的著名人物组合搭配的传统，其中八位一组的不少。相传为伟大作家陶渊明所编的一部《集圣贤群辅录》（又名《四八目》），就专收按数码编组的人物，八位成组的，有八伯、八恺、八元、八师、八士、八使、八俊、八顾、八及、八厨、八龙、八绝、八达等，都是优秀人物。可见，八位一组的搭配，其收纳范围大致在优秀、正派和有奇才异能、突出表现的人们之内。

中国人，特别是汉族，在本民族风习民俗中，对数字的"以定数代不定数"有特殊的古老认知传统：认为偶数吉利，二及其乘积倍数四和八都是这种数字。三四五六可借代定数"多"，其中"四"是吉利的多；七八九十可借代定数"很多"，其中"八"是吉利的很多。《四八目》中非四、八一组的人物不少，可是拿部分来代全体，以四八概之，恐怕就是出于此种求吉利的心理。八位一组的人物多为好人成组，看来也有这样的心理状态存在。

西汉淮南王刘安聚集门客数千人，主编出颇有道家气息的《淮南子》一书。他还有造反迹象，最后自杀了。民间——包括他的门客中散在民间者——有同情他的，造作出他全家白日飞升，连鸡犬一齐升天的传说来。据《史记·淮南衡山列传》的唐代司马贞《索隐》注引《淮南要略》说，淮南王的门客中有"高才者八人，苏非、李尚、左吴、陈由（田由）、伍被、毛周（毛被）、雷被、晋昌，号曰'八公'也"。高诱《淮南鸿烈解叙》所记人名略有不同，如上括号中显示。古代陈和田两个字常通用，毛被恐怕是因为夹在那两个"被"之中，连累而及地误写了。这八公大概是历史上的真人实事。于是神仙化的八公也就随着淮南王的升天故事而出现：

汉淮南王刘安言神仙黄白之事，名为《鸿宝万毕》，三卷，论变化之道。于是八公乃诣王，授丹经及三十六水方。

（《艺文类聚》卷七十八引《列仙传》）

昔仙人八公各服一物，以得陆仙；各数百年，乃合神丹金液而升太清耳。

（《抱朴子内篇·仙药》）

伍被记八公造淮南王安，初为老公，不见通。须臾，皆成少年。

（《抱朴子内篇佚文》）

八仙过海 山西芮城永乐宫（中国美术全集）

特别是最后一条，在葛洪的《神仙传》卷六"淮南王"一条中得到尽情的发挥，成为一则完整的故事。大意是：淮南王好神仙，方士从游者甚多。一天，来了八位枯槁伛偻的老人，看门的挡驾，说王爷爱的是长生之道，各位如此衰老，怕不行。八公立即变为童子。王爷"倒屣而迎之"，八位自称："我等之名，所谓文五常、武七德、枝百英、寿千龄、叶万椿、鸣九皋、修三田、岑一峰也。各能吹嘘风雨，震动雷电，倾天骇地，回日驻流，役使鬼神，鞭挞魔魅，出入水火，移易山川。变化之事，无所不能也。"正赶上伍被到京城去告变，皇帝派大宗正来调查。八公就劝刘安升天："乃取鼎煮药，使王服之。骨肉近三百馀人同日升天。鸡犬舐药器者亦同飞去。"这个"一人得道，鸡犬升天"的故事在后代广泛流传，凝练成为成语。武则天撰写的《升仙太子之碑》中就明确提到"淮南八仙"；卢照邻的《益州至真观主黎君碑》中也含混地讲"未遑八仙之术"，恐怕说的就是上述的那些"吹嘘风雨"等仙术了。这就是中国最早出现的八仙。

八仙成为有定数非泛指并有姓名可查的八位仙人，使得爱引申的中国人有了进一步施展想象的余地。从后来的发展看，这种想象是朝着两个方向走的。

一个是把现实中的人组成八位一组，号称某类八仙。后代的小说中，把人间的二十八将和天上的二十八宿对号入座，如《荡寇志》中所为，还有更大规模的，如《水浒传》中三十六天罡、七十二地煞，都是中国人神化的"组织观念"淋漓尽致的表演。唐代还没有进展到这种地步，但伟大诗人杜甫的《饮中八仙歌》已经就此大做文章。由于诗是诗圣手笔，描摹生动；兼之对象都是名人，包括诗仙李白以及"少小离家"那脍炙人口的名诗作者贺知章，所以此诗深入人心，众口争传。此诗还启发后来人：要把八仙中每一位的特征描绘出来才是；要抒写出那么一些狂放不羁飘飘欲仙的风度来才好。值得注意的还有两点：一点是，唐代范传正改葬李白时所立的《新墓碑》中说："时人又以公及贺监、汝阳王、崔宗之、裴周南等八人为酒中八仙。"比杜甫多出个"裴周南"来。这似乎暗示着，饮中八仙并非杜甫给组织起来的，而是"时人"即当时社会间早已如是流传的，而且入选的人也不见得太固定。杜甫不过选八位在自己的诗中给固定下来就是了。另一点是，杜甫是正统思想比较浓厚的人，不大敢拿当时社会上正式崇奉的道教祖师如老子、王子晋等位开心。八仙是散仙，无妨。这就为后世描绘八仙时可以开点玩笑导夫前路矣。

另一个是走地方化的路子，这就是所谓"蜀中八仙"。据宋代成都人景焕所著《野人闲话》，还有郭若虚的《图画见闻志》卷六"八仙真"条，都记有道士张素卿画"八仙真形"的事，八仙是：李阿、容成、董仲舒、张道陵、严君平、李八百、长寿仙、葛永瑰（据《图画见闻志》作者自注。景焕书中"李阿"作"李己"等，可见个别姓名尚不固定）。这八仙大致与四川都有点关系，所以经后来人凑合到一起了。缺点是其中某几位知名度不高，个性不鲜明，彼此之间的关系也不清楚，使人有硬凑成一桌之感。但是，这八仙的出现，说明宋代存在着强烈的塑造新的八仙形象的愿望与要求。北宋晁补之曾写过《八仙案铭》："东皋松菊堂，饮中八仙案。"可见当时已经流行每边可坐两位客人的方形大饭桌。当然，晁氏诗中所写，恐怕还是用典，还是那"饮中八仙"罢了。要请真正的八位并非硬凑而为成组的神仙来参加宴会，看来还得忙活一阵子，进行编组。

二

据我们估计，大约在宋元之际，找寻新八仙并把他们编制在一起的工作就在不断地探索。使用的方法大致是：首先，找到一两位能把这八位串联在一起的大仙，要在当时的道教中有名气的。至于他们如何串联，则可以进行创造发挥。一般以构成师徒关系为最便当。其次，要使人们能接受，这就要塑造出老百姓喜闻乐见的形象来，还要尽可能地在道教教义容许的范围内办，并且不太触犯当代统治者的利益。再则，最好能汲取以往老八仙个人形象不鲜明的教训，塑造出八位个性明显突出、外形有特征的人物来。

这种实验性摸索大约进行了三四百年之久，明代中期才定型为我们现在众所周知的八仙。根据现代所能掌握的不完整的资料，其中竞争和发展的过程大体上还可以勾勒出来。应该说明，我们根据的资料基本上是戏曲小说，这就指明了新八仙产生的民间故事传说性质。但是，从这些传说的内容考察，它们受到道教教义的影响很大；由于统治者各方面自觉或不自觉的需要，它们又在为那个时代服务。当然，其中也反映出若干民间朴素的美好愿望和某些反抗精神。这也是必然的现象。以下试作简单叙述。

我们现在所说的八仙，大致是根据明代嘉靖年间的吴元泰所著的《八仙出处东游记传》（又称《上洞八仙传》，简称《东游记》。下文用简称）第一回开头那句话："话说八仙者，铁拐、钟离、洞宾、果老、蓝采和、何仙姑、韩湘子、曹国舅，而铁拐先生其首也。"《东游记》是糅合唐人传奇如《明皇杂录》《开天传信记》等，以及大批元人杂剧等，大约还采用了不少民间传说，融化写成。至今，此书还是研究八仙的最主要依据。我们也从此出发，上推到有名有姓的八仙出现的现存元人杂剧"神仙道化"剧本中。

大体上按时代排列，马致远最先。《吕洞宾三醉岳阳楼》中，八仙内没有何仙姑，而有徐神翁。徐神翁是北宋道士，相传为"海陵三仙"之一。他以预言南渡前后的一些事件而知名。后来陈忱的《水浒后传》还很为他的形象浓施笔墨。他在元初居八仙之列，绝非偶然。此剧中，值得注意的有两点：一点是，吕洞宾自称道号纯阳子，先为唐朝儒士，后遇钟离师父点化成仙；另一点是，元代神仙道化剧的惯例，凡八仙中一仙主演某剧时，最后必有其余各仙人上场，由主角一一作介绍。此剧中介绍的是：做官的胡子是钟离（现掌群仙录），拿着拐、头发乱梳的是铁拐，穿绿斓袍、拿木板的是蓝采和，赵州桥倒骑驴的是张果老，背葫芦的是徐神翁，携花篮的是韩湘子，穿红的是曹国舅；洞宾自己提墨篮，爱打简子愚（渔）鼓。

下面可以提到岳伯川，他是元至元年间人，所作有《吕洞宾度铁拐李岳》。其中有"张四郎"而无何仙姑，又说铁拐李原是岳孔目，名叫岳寿。经洞宾点化，死后借瘸子小李屠之尸还魂，故称李岳。吕洞宾成了铁拐李的师父。

接着，可以举范康（字子安，又字子英。元至元年间人）的《陈季卿误上竹叶舟》。此剧本值得特别注意，因为在现有资料中，何仙姑就是在这个剧本内首次出现于八仙队列。此剧中主角吕洞宾介绍，除与上剧相同者外，吹铁笛的是徐神翁，拿笊篱的是何仙姑，双丫髻喝醉了的是钟离。吕自提荆篮。

往下，可以排到明初的谷子敬，他的作品《吕洞宾三度城南柳》中，点明钟离是洞宾的师父，提到八仙，但未列姓名。再有贾仲名所作《铁拐李度金童玉女》，点出八仙中的六仙，缺少何仙姑与曹国舅，似乎暗示这两位（或另二位）在八仙中地位不重要、不巩固，可以撤换。

朱有燉的《蟠桃会八仙庆寿》和《吕洞宾花月神仙会》两剧本中都出现八仙。其中有徐神翁，前剧中自称"徐信守"，按史料，徐应名守信，剧本中可能因将就押韵而把守字移后；后一剧本中有"徐守一"，想必就是徐神翁了。此二剧的共同特点是和蟠桃会联系上了，因而可在庆寿会上演唱。此外，前一剧中出现了为赴蟠桃会而携带毛女的情节，这大约是为庆女寿而安排的，就是庆男寿，带上女仙也无妨，这就为何仙姑顺理成章地加入八仙行列铺平了道路。明代教坊搬演的杂剧中,好多种有八仙出场。其中有张四郎而无何仙姑者居多,如《降丹墀三圣庆长生》《众天仙庆贺长生会》《贺升平群仙祝寿》均如此。《群仙祝寿》中出现了松、竹、梅三名旦角,想必是出于如上一段中我们所说的考虑。这里还得谈谈张四郎,据浦先生考证,他的事迹见于宋代洪迈的《夷坚丙志》卷三,是邛州白鹤山的一位仙人。他在杂剧《长生会》《度黄龙》等剧中手持的道具为笛子,可是在《群仙祝寿》中,韩湘子手拿花篮还加上铁笛,张四郎就只好携带"轮竿金鱼"啦。

另有《争玉版八仙过沧海》《吕翁三化邯郸店》两剧本,都有徐神翁而无何仙姑,特别是前一剧本的收容安排,与可能较之时代略晚的《东游记》不同。小说中以仙姑抵换了仙翁,大约当时社会上已经公认是这样的了。明代中晚期撰写的《三宝太监西洋记》一书中,有风僧寿、玄壶子,没有何仙姑和张果老,恐怕一因作者罗懋登老想着变化使用材料以示"只说是自家会的";二因那两位当时在八仙中终究地位不稳定,可以抵换之故。此种搭配方式只此一家,相当各色,未能推广。

我们必须提到汤显祖(1550—1616),他的《邯郸梦》传奇中"合仙"一出,八仙全部出场,其姓名就是如现在的八仙这样,包括何仙姑。此后的戏剧中,如清朝盛行的月令承应大戏,都让仙姑出场。

从元代至元年间有仙姑而无国舅的戏剧到汤显祖,其间约二百多年。我们还可以在这一段时期中间找到一些造型艺

术品作为线索,把他们连接起来。下面列举与近代以来的八仙全同者几条:

1. 原题《宋缂丝八仙拱寿图》的图轴,当代专家考证,据其技法和色彩运用、经纬密度等考察,均与另一幅定为元末作品的缂丝《东方朔偷桃图》一致,因而也定为元末作品。此图,《盛京书画录》与《秘殿珠林》均著录。

2. 明代著名画家张路(146—1538)设色绢绘八仙四条屏的八仙图(四幅),现藏北京中央工艺美术学院,定为真迹。

3. 明代传为嘉靖年间"顾绣"的八仙庆寿十二幅挂屏,现藏台北故宫博物院。《存素堂丝绣录》有记载。其中主角为西王母,显示出庆祝女寿的特征。

4. 判定为明代嘉靖年间民窑产品的"青花云鹤八仙葫芦瓶"(旧称"天圆地方大吉瓶"),现藏中国历史博物馆。

可以这样认为,汤显祖是跟着民间也就是社会上庆寿找吉祥物的路子走的。由于汤显祖名气大,《邯郸梦》写得好,传唱一时,特别是把何仙姑写得很活,所以,在八仙人选确定成现在这样的过程中起过巨大的作用。

三

能把八仙聚合在一起的,是钟离权和吕洞宾,特别是吕洞宾。

钟和吕这两位,可能在历史上实有其人。据《宋史》中

八仙

老寿星

明 张路八仙图之何仙姑和蓝采和 　　明 张路八仙图之汉钟离和吕洞宾

明 张路八仙图之曹国舅和韩湘子 　　明 张路八仙图之铁拐李和张果老

八仙

八仙

西王母

明顾绣八仙庆寿挂屏

八仙

的《陈抟传》和《王老志传》记载，这二位都是陈抟的朋友。他们大致上都是五代末宋初的人。王老志的传中说，钟离权是王老志的老师，但只有王见过他，他们之间的关系，很有点像传说中黄石公与张良那样；《陈抟传》中则载："关西逸人吕洞宾有剑术，百馀岁而童颜，步履轻疾，顷刻数百里，世以为神仙。数来抟斋中。"总之，这二位的传说似乎都始于北宋而托始唐代以至汉代，各种记录十分混乱，时有矛盾。

南宋金元之际，较早地盛行于南宋江南地区的道教金丹派南宗祖述钟吕之道，稍后流行于金元时北方地区的全真道也以此标榜。元灭南宋后这两派合流，根据双方均已有之的说法，参酌宋元皇帝所给的封号，在《金丹大要》《金丹大要列仙志》等道书中，提出的祖师系统是：初祖东华帝君（即经过后代变换改造的古代神话中老神仙东王公，新起的姓是王），传二祖钟离权，钟传三祖吕洞宾，吕再分传南北两派弟子。从此钟吕二位在道教中身份固定。由于他们多方点化，特别是吕洞宾点化的门徒众多，因而八仙的队伍在传说中渐渐形成。以下主要据道教经典（据我们看，大部分也是由传说演变而来）和民间传说，将这二位的有关情况略加叙述。

先说钟离权（如《八仙画册》之钟离权所示）。

有关钟离权较完整的"身世"记载，见于宋人所编的《宣和书谱》卷十九，后来则有元代道家全真派自编的《金莲正宗记》（元代秦志安著）和《金莲正宗记仙源像传》（元代刘天素、谢西蟾著），还有《历世真仙体道通鉴》（元代赵道一著）。大致的说法是这样：他道号正阳子，又号和谷子、云

汉钟离

八仙

房先生。可能是陕西咸阳人,也可能是燕台(今北京)人。相传五代后晋时曾任中郎将,遇异人授以真诀得道。后来传道给吕洞宾和刘海蟾两人。托名唐代知名道士施肩吾所编的《钟吕传道集》,大约在宋代定稿,奠定了钟离权在道教中特别是后来在全真道中的地位。至于神化的说法,则说他原为西汉大将,更有根据他的"手迹(北京大学藏艺风堂拓片《重刻汉钟离权诗碑》,元至正八年重刻宋皇祐四年碑)"签名"天下都散汉钟离昧书",认为他就是由楚入汉的大将钟离昧。还有从而称之为"汉钟离"的。《体道通鉴》形容他的形象是:"丫头坦腹,手摇棕扇自若,赤面伟体,龙睛虬髯。"后来的戏剧中大致按此形象装扮并固定化。《列仙全传》(明王世贞编辑,汪云鹏校刊)卷三,《芥子园画传》第四集(清嘉庆间苏州增补本)都有画像,可以视为标准像。按《宣和书谱》中说他"间出接物",平时则派徒弟吕洞宾世间度人。因此,在八仙中,他虽是精神领袖和理论家,可是显化事迹不多,因而老百姓对他的印象不深。再加上他的形象也使人敬畏而不大敢亲近,所以,在有关八仙的戏剧、小说、传说中,经常处于配角地位。宋朝封他为"正阳真人",元朝封他为"正阳开悟传道真君"。署名为他所作的理论性著作,收入《道藏》中的,主要有说是他所述的《破迷正道歌》一卷,说是他所著而由吕嵒(吕洞宾)所传的《秘传正阳真人灵宝毕法》三卷。

再说吕洞宾(吕嵒)。

真正把八仙团聚在一起的是吕洞宾。他的事迹在八仙中

吕洞宾

八仙

最多最杂因而很难寻根究底。除了浦先生在《八仙考》中考证引据的以外，我们所见的较详细的征引与研究文章，就是傅璇琮主编的《唐才子传校笺》卷十中的"吕喦"传笺证。此文把宋元之间的零散资料集中起来，并梳理得相当清楚，建议有兴趣的读者一定要参考一下。大略地说，道教的大丛刊《道藏》中，将有关吕喦的资料集中得相当完备并且有条不紊。这一工作大约在明嘉靖、万历年间基本完成，有关他的生平、仙迹和著作的记载，总括在《道藏》中的，主要是：

《纯阳帝君神化妙通纪》七卷，元代道士苗善时编。收入"洞真部记传类"，千字文编号在"帝"字号。全书分为一百〇八化（其中缺第二十六至三十三化），每化是一个故事。卷一和卷二共七化，讲吕祖家世及悟道、受道之事，包括"黄粱梦"等。卷三以下则叙述他得道以后神仙济世之事，包括点化曹国舅、何仙姑、施肩吾等的经过。我们认为，无妨视之为一部《太平广记》类型的短篇文言小说合集。

《吕祖志》六卷，明代道士汇编，约完成于万历年间。收入《续道藏》的"辇"字号。书分三部分。首为钟吕二仙图像，附注诞辰与上升日。卷一为"事迹志"，这是视为"信史"的，包括本传、自记、度卢生枕中记，还有"云房十试真人""真人十问云房"等二十事。卷二、卷三是"神通变化""显化""济人"等共八类八十六个故事。卷四、卷五是"艺文志"，收古风三篇，五七言近体诗一百八十五首。卷六内收杂著十条，歌九篇，词和杂曲四十三首。这三卷所收诗歌和词曲，没有后来的《全唐诗》卷八五六至八五九（诗四卷）和卷九〇〇（词三十首）及《全唐诗补编》所补（诗三十一首，词十一首）多。

综合各种说法，大致可以这样说（注意：是传说而非信史），他姓吕名嵒字洞宾，籍贯是河中府蒲坂县永乐镇（今属山西芮城），也有说他是山东东平人的。唐末至宋初在世。按道家的说法，则是：生于唐贞元十四年（798年）阴历四月十四日（所以后世道观中于此日举行斋醮来庆祝），咸通中举进士，时年六十四。后遇钟离权，经十试十问通过，传法得道。道号纯阳子。后来常在世间度人，度人时往往自称"回道人"等化名。因其游戏人间，度人甚众，所以几乎成为宋元时期最受人欢迎的神仙。宋宣和元年（1119年）敕封他为"妙通真人"，元朝至元六年（1269年）封他为"纯阳演正警化真君"，至大三年（1310年）加封为"纯阳演正警化孚佑帝君"。全真道奉他为"五祖"之一，尊称"吕祖"。他的理论性著作，收入《道藏》中的，还有《纯阳吕真人药石》《纯阳真人浑成集》《黄帝阴符经集解》等书。藏外的则有《吕祖全书》等合集。

全真道所传钟吕之道，主要有三点：一点是炼内丹，这是与此前的道教徒炼外丹（炼丹术）相对的，据我们看，属于带有神秘色彩的气功，比起单纯的炼丹服食而容易生痈（特别是长搭背疮）甚至丧命，是一种进步。另一点是通过种种考验度人成仙，这种做法也比服食进步。再一点是有剑术，这剑术不是"飞剑取人头"，而是"实有三剑：一断烦恼，二断贪嗔，三断色欲"，此乃杂取儒释道三教之说而成。三教归一，所以洞宾常以儒生的形象出现。

洞宾故事的大观，还是在戏剧、小说和民间传说之内。上述三点中，炼什么，老百姓不太关心；度人要紧，所以洞宾的故事中度人之事最多，这就为他与其他七仙上联下靠创造了便利条件；避实就虚的有名无实的剑术，看来与《列子·汤问》中来丹从孔周那儿学来的差不多，并无实用价值，老百姓对之莫测高深，故事中只能来真的，要"飞剑斩黄龙"。因此，洞宾的传说就集中在文可度人、武则斩妖这两方面。现存的早期有关吕洞宾的传记体小说是《吕纯阳飞剑记》（作者邓志谟），为明万历年间著名的"闽书林萃庆堂余氏"刻本。估计邓氏是专门为这个书坊撰写这类稿件的人物，他撰写的同类小说《咒枣记》等也是这个书坊出版的。值得注意的是，其编写出版时间与《吕祖志》等年代接近。它提供了民间流传的吕洞宾故事的一种早期"版本"。我们这样说的理由，可以先举出两点：一点是，其中第五回"吕纯阳宿白牡丹，纯阳飞剑斩黄龙"，与同出于明代的《醒世恒言》第二十二回所记内容大不相同，可见同类故事的不同传流导致不同"版本"的出现；另一点是，此书最后一回即第十三回"吕纯阳度何仙姑"，说吕洞宾赴斋，竟走入厨房，丫鬟们轰他出去，只有一位何氏女叫他别走，给他斋饭吃。吕洞宾就拉着何氏女钻进灶坑，度她成仙去了。其中民间传说的成分极为浓烈，并提供了何仙姑得度的一种说法。

洞宾度的人，除了八仙中的人物如铁拐李、蓝采和、何仙姑等人以外，知名的就是植物中的桃柳二树精，人物中的卢生和白牡丹。他飞剑的目标，主要是黄龙以及八仙过海时与之作对的龙宫众生。值得注意的是，他三醉岳阳楼，白牡丹又是常在洞庭湖一带活动的人，洞宾的对头又经常是龙王一族。这就暗示，他的故事传说产生的主要地区，极可能是湖南洞庭湖一带。连同他的原籍山西永乐镇一带，传说中八仙过海的出发港口山东蓬莱一带，构成了他主要活动的三大地域，同时也说明他的一些主要活动与水神有关。他和白牡丹之间的故事流传甚广，这可能是早期道家合气之术的残余，可是后来的道教徒却感到很不好意思，非说那是精神恋爱不可，未免欲盖弥彰。老百姓喜爱的还是他那风流倜傥的儒生面貌掩盖下的剑侠形象，于是，穿儒生衣、身背双剑的中年人（戏剧中以正末扮演）洞宾就被大家认可了。

附带说一下，北京大学图书馆藏"柳风堂石墨"拓片中的《吕真人感应记》（隆兴癸未，1163年）、"艺风堂"拓片中的《至大诏书碑》，其录文均收入《道家金石略》。此书中还收有《唐纯阳吕真人祠堂记》等《永乐宫碑录》（新中国成立后整理油印本）中的碑文。这些材料还很少被民俗学和民间文学研究者等学者利用。我们这里也只使用了极少一些。

四

以下接着谈八仙中的其余六仙。从张果老说起。

张果是唐玄宗时期的一个方士，新、旧《唐书》的《方

八仙

张果老

伎传》内都有他的传。他和唐玄宗交往的神奇故事脍炙人口，著在丹青，有元代大画家任仁发（1255—1327）《张果见明皇图卷》（现藏故宫博物院）等流传。《太平广记》卷三十"张果"条杂引《明皇杂录》《宣室志》《续神仙传》，糅合成为一传，较之史传，神异处增加不少。其中重要的是："常乘一白驴，日行数万里。休则重叠之，其厚如纸，置于巾箱中。乘则以水巽之，还成驴矣。"从此，白驴（有的戏剧传说中变成黑驴）与张果形成紧密不可分的关系。宋代潘阆（字逍遥）有倒骑驴的传说，作为神仙游戏，慢慢地就移植到张果身上了。中国人敬老，尊称他为张果老。他虽早期加入八仙行列，却是特立独行的故事多，入列后个人表现并不突出，一般只充当配角罢了。《三宝太监西洋记》中甚至将他淘汰出局，可见他在八仙中处于游离状态。除了与唐明皇的往来故事以外，他个人与赵州桥之间有过一些故事，在民间传说纷纭，有许多不同"版本"。元代袁桷题《果老图》诗：

御气如婴儿，变化能成形。
再过赵州桥，灭迹绝怪灵。

足见此类故事流传之早与广泛。
张果老倒骑驴，已经成为他最显著的外在特点。可是，金代金幼孜有《张果老骑牛图》诗：

客有骑牛者，人称果老仙。

问知欲何往，大笑指青天。

接着谈铁拐李。

铁拐李是八仙中唯一的残疾人，仙人为何残疾，必须有个交代。便当的说法就是"借尸还魂"，从而产生两个借尸还魂的故事。现知的早期出处，一个出于前面讲过的元代岳伯川所作杂剧《吕洞宾度铁拐李岳》，说的是，岳寿在郑州做都孔目，因为触犯了上级韩魏公，吓死了。吕洞宾使他借瘸子李屠之尸还魂，并度其登仙。这个传说，很容易就把铁拐李和八仙联系在一起，并规定了他的师承。另一个则是《东游记》一类书中的故事，说的是，李玄（或称为李元中）是一位道士，修炼有素。一次元神出舍朝山去，七天后归来，躯壳已经让老虎给吃了。另一种说法则是被徒弟给火化了。于是他只好就地取材，附体在一个跛子乞丐身上。大约因此心情总有点不舒畅，所以身边老挂个酒葫芦，呈醉态。因其形象不佳，也只能当配角。元代大画家颜辉（大德年间人）留有名作《李铁拐像》（现藏日本京都智恩院），是现存最早的铁拐像，可见元初他的故事便已流传。

接着谈韩湘子。

韩湘子的原型是韩愈侄孙韩湘，他是韩愈的二哥韩介的次子韩老成之子。韩愈集中现存"示"他的诗二首，其中《左迁至蓝关示侄孙湘》一首脍炙人口。韩湘的故事多由此引发。《酉阳杂俎》前集卷十九"牡丹"一条中，重点讲述韩愈

李铁拐

八仙

八仙

韩湘子

官至侍郎时，一个"疏从子侄自江淮来"，会种牡丹，花发时花朵上有上述"乃是韩出官时诗"的颈联二句。此人是种植花卉的能手，花朵现字靠技术能做到，并非仙术。他也不是韩湘。《太平广记》卷五十四引《仙传拾遗》，则说此人是韩愈的外甥，说那首诗是赠他的，花朵出字也在贬潮州后不久。他自述是仙人"洪崖先生"的徒弟，正在炼"九华丹"。故事结尾说："或云：其后吏部（指韩愈）复见之，亦得其月华度世之道，而迹未显尔。"这就往神仙故事前进了一大步。再迈一步，就到了北宋刘斧的《青琐高议》前集卷九"湘子作诗谶文公"那一条，后来的韩湘子故事都从这里生发。至于历史与传说的分歧，《唐才子传校笺》卷六的"韩湘传"中有所辨证，请参看。

值得注意的是，南宋著名道士白玉蟾（1194—1229）的诗集《武夷集》中，有《咏四仙》组诗四首，计韩湘、陈七子、何仙姑、曹国舅各五绝一首。又单有《咏韩湘》七绝一首。有关韩湘的两首抄录如下：

白雪满空夜，黄芽一朵春。
蓝关归去后，问甚世间人。

汝叔做尽死模样，雪里出来无意况。
赖有当年花一篮，至今推与闲和尚。

从中看不出与八仙队列的关系。这四仙之间的关系也不明。

元朝时他早入八仙之列,但加盟经过尚不十分清楚。到了明朝,通过《东游记》和杨尔曾的《韩湘子全传》,才将他经钟、吕两位点化成仙并度化韩愈全家的故事交代清楚。他的故事主要环绕点化韩愈和特定地点蓝关进行,带有独立性,所以在八仙中也只能当配角。在《芥子园画传》中,他的标准像是手执渔鼓简板的青年道童,相当女性化。浦先生是热爱"拍曲"的,是戏剧的大行家,早已指出他由旦角扮演的问题。据我们看,一般的小戏班子,行当往往不齐,像八仙戏这样的应景庆贺性质颇浓的热闹戏,除了主要的和绝不能串行的角色外,如韩湘子、蓝采和,就可以马虎一点,旦角串演或小生正工应卯均可。

接着谈蓝采和。

蓝采和的事迹,现知最早的记载见于五代南唐时人沈汾编《续仙传》的上卷(全书三卷),《太平广记》卷二十二采之,后来的仙传如《历世真仙体道通鉴》等亦采之。故事的大要有三:(1)他以乞讨为生;(2)他手执长三尺余的大拍板,常醉踏歌,歌词有"蓝采和"这个词语;(3)他把钱串起来拉在地上走,掉了也不在乎。后来升空仙去,却把一身行头和拍板掷下了。后来人取歌词为其定名蓝采和。

宋朝龙衮的《江南野史》卷八,和马令、陆游分别撰写的那两部《南唐书》(前者在卷十五,后者在卷四),都记有陈陶夫妇(龙衮说是"炼师",炼师也有女性者)纵饮并唱

八仙

蓝采和

"蓝采禾"（陆氏书作"蓝采和"）之事。据说后来仙去。陈陶是晚唐诗人，这三本书都说他五代时避乱入南唐，后来隐居南昌，学道炼丹。据当代人考证（《唐才子传校笺》卷八"陈陶"条），陈陶那时已经百余岁，怕活不到。

元代大诗人元好问有题《蓝采和像》诗：

长板高歌成不狂，儿曹自为百钱忙。
几时逢着蓝衫老，同向春风舞一场。

可见那时蓝采和的形象已经相当定型化了，而且穿着蓝衫。

元人杂剧《汉钟离度脱蓝采和》，确立了钟离与蓝采和的师生关系，并明确说他在"上八仙数内"。说他是一位伶工，姓许名坚，艺名蓝采和。他有妻子、儿子与儿媳，还有两个哥儿们做帮手。经钟离点化成仙。在元明八仙的戏剧演出中，他是仅次于洞宾的活跃角色。朱有燉《蟠桃会八仙庆寿》《吕洞宾花月神仙会》等剧中，都派他当"乐官"一类角色，在剧中串戏。在后来的戏剧中，愈演愈讹，为了与何仙姑配合成一对女仙模样，他由一个老乞丐竟变成女装（后来化装为不男不女的小道童形状，一般仍由旦扮），因而拍板无法使用，只可借与张果老。因其姓蓝，又女性化，所以手提花篮矣，可就没有多少戏好演啦。

附带说一下，现存的早期蓝采和画像，可以举出著名的元代女画家管道升为他所作的全身像，其影印本见于日本东京兴文社在20世纪30年代出版的《支那南画大成》第七卷。

五

接着谈曹国舅。

白玉蟾咏四仙中有关他的四句是：

窃得玉京桃，踏断京华草。
白雪满蓑衣，内有金丹宝。

可见他在南宋时已入仙籍，但其传授不明。

曹国舅受吕洞宾度化之故事，今所知始见于元代。元人苗善时所编《纯阳帝君神化妙通纪》中，有"度曹国舅第十七化"故事。山西永济永乐宫纯阳殿元代壁画中也有"神化度曹国舅"（榜题）的画。署名王世贞的辑本《列仙全传》卷七中也说他是曹太后的弟弟。从历史上考察，只能是曹佾。但曹佾原来并没有求仙访道之说。可他沾吕祖的光，加入八仙行列不晚。不过，始终没有派给他什么正经差使，老是屈尊为配角。元明杂剧中（如《争玉板八仙过沧海》），他手持的法宝常为一把笊篱，还有皇帝所赐的一个金牌。据说他要做云水道人，皇帝特赐给此牌，可凭此游行天下。他过黄河时，无钱给船夫，掏出金牌，不料船夫是洞宾化身，前来点化他的，笑他看重金牌，以金钱势力压人。他这才彻底觉悟

八仙

曹国舅

了，掷牌于河内（故事今仅首见于《潜确类书》中）。可是，戏剧中的他，还是手执金牌，可能是借仙力道法捞起来的吧。那笊篱后来归何仙姑使用了。曹国舅乃是富贵人家出身，哪里会淘米捞面呢！《芥子园画传》中他的标准像，则是手执拂尘的。

黄斐默《集说铨真》（光绪三十二年上海慈母堂排印本）曾总结出曹国舅故事的两种不同的"版本"：一种大约是从道教传说而来，自注见于《神仙通鉴》。讲的是曹皇后有两个弟弟，年长者名景休，不亲世务；幼者名景植，仗势欺人，一次不法杀人，让包公给正法啦。景休深以为耻，遁入山林学仙去了。后遇钟、吕二仙，点化得道。这个故事把重点放在遇仙得道上面，并且指明景休原来就是好人。

另一种则点明是由"包公案"系统说唱故事小说而来，重点讲的是两个国舅半斤八两，都不是好人，二国舅杀了袁秀才，大国舅为他掩盖罪行，打伤秀才妻张氏。张氏到包公处诉冤。包公先后捉住两国舅，斩了二国舅，宋仁宗大赦才把大国舅放出来。大国舅死里逃生，大彻大悟，入山修行，遇点化成仙。《集说诠真》中注明出于《龙图神断公案》，并引《江南通志·徐州》中的"仙释"卷所记说，曹国舅在宋哲宗绍圣四年（1097年）蝉蜕于玉虚观，观在萧县东南五十里，后来更名为"腾云寺"。可是同时又引《宋史》，说曹佾在宋神宗朝为官时逝世，年七十二，追封沂王。可见编《集说诠真》的黄氏之意，也不过是"姑妄言之姑妄听之"而已。

程毅中学长曾对笔者明确提出，"龙图公案"系统中曹国舅故事流传有自，现知重要的几部著作是：

《新刊说唱包龙图断曹国舅公案传》，这就是1967年在上海嘉定县宣氏墓地出土的"成化刻本词话"之一种。据同时所出的其他刻本书末牌记，这批书大致是在成化壬辰（成化八年，1472年）左右刊行的。今通行有《明成化说唱词话丛刊》和《古本小说丛刊》第二十二辑两种影印本。

《包龙图判百家公案》，第四十九回"当场判放曹国舅"。此书题作者为"钱塘散人安遇时编集"，明万历二十二年（1594年）朱氏与耕堂刊本。

《龙图公案》，第六十一则"狮儿巷"。此书公私所藏自清初至民国间刊本甚多，分繁简两种体系，但故事情节差别不大。

以上三种书，一脉相承，故事情节都是讲大国舅助弟为虐，几乎被包公所杀，遇赦求仙。这个故事把大国舅原来是个坏人干坏事的情节大加铺陈，求仙之事作为后话。倪钟之《中国曲艺史》评述说："此本可能依据民间传说，结合现实生活创作。"笔者同意这个推断。也须指出，前一种道教的说法，恐系在此种民间故事传说的基础上改造而成，重点在于美化曹国舅而已。

最后谈谈何仙姑。

白玉蟾咏四仙中有关她的一首是：

阆苑无踪迹，唐朝有姓名。
不知红玉洞，千古夜猿声。

何仙姑

八仙

《三才图会》的"人物"第十一卷中有她的像，还总结前人的记载，归纳出："武后遣使召赴阙，中路复失去。景龙中，白日升天。天宝九载，见于麻姑坛，立五色云中。大历中，又现身于广州小石楼。"这就是"唐朝有姓名"，似乎还可说明她的最早原型是"广州增城县何泰之女"，因为别的籍贯出身都还不能上溯到唐朝。当然，光靠这一条线，还不能构成现传的看来历史情况相当复杂的何仙姑。

浦先生文中正确地指出，何仙姑的原型系由几个女巫拼凑合成。我们查《安庆府志》《祁阳县志》《福建通志》《浙江通志》《歙县志》《罗浮志》和宋代以下笔记等有关她的记载，光说她的籍贯，起码就有湖南永州、广东增城（在此地落实为何泰之女）、昌化、安庆等地区争抢她。据说阴历三月初七日是她的生日，这些地方都要唱大戏，迎神赛会。据说她入山得仙，服食得道，后经吕祖点化。但是，永乐宫纯阳殿中虽有"度何仙姑"的专题壁画，可是另一专题壁画"八仙渡海"中全是男仙，没有她。《争玉板八仙过沧海》中也都是男仙，也没有她。值得注意的是，写作时间可能不比此剧晚的范子安所作《陈季卿误上竹叶舟》，八仙中却有她，但没有曹国舅，有徐神翁。这暗示有那么几位正在争夺八仙中最后一两个席位。最后是仙姑和国舅得胜，张四郎与徐神翁被淘汰出局。

除去男扮女装的不算，八仙中只增添一位确实为女性的仙人，这实在是一件大胆的革命行为。这事幸亏在元明之际给办了，要放在思想正统禁锢的清朝，恐怕就办不到啦！浦先生指出，汤显祖在这方面立了一大功：他的《邯郸记》一剧，不但把八仙固定为和现在相同的八位，而且在第三出"度世"中特意安排了对何仙姑出身的交代，以及她自己的优美动听的唱词。那《赏花时》两曲，传唱数百年至今不绝。《红楼梦》第六十三回"寿怡红群芳开夜宴"中，众人要求芳官："拣你极好的唱来！"芳官只得细细地唱了一支："翠凤毛翎扎帚叉，闲踏天门扫落花。"——这传奇并小说中的名段，诚乃若士、雪芹二公神来之笔。附带说一句：雪芹公对"扫花"名曲如此偏爱，那"黛玉葬花"的意匠创造，说不定受其启发呢！此外，芳官的结局是当了正经的女道士，也使人不无"落花"之感。让她唱这一段，说不定也是大手笔有意为之呢。

程毅中学长指出，元代罗烨的《醉翁谈录》卷二"耆卿讥张生恋妓"一条中，提到一个有关何仙姑等八仙中五仙的故事：仙姑独居，曹国舅来访，"方款间"，洞宾飞来，仙姑怕他看见生事，就把国舅变成丹，吞入腹中。一会儿，采和与钟离又到，洞宾又把仙姑变成丹吞入腹中。采和说破，洞宾吐出仙姑。钟离"笑谓采和曰：'你道洞宾肚中有仙姑，你不知仙姑肚里更有一人。'"这个故事明显的是六朝荀氏《灵鬼志》中"外国道人"一条的翻新。"外国道人"是《旧杂譬喻经》(吴·康僧会译)中"梵志吐壶"故事的现知第一个翻新版，吴均《续齐谐记》的"阳羡许彦"故事，则是现知第一个中国化新版。到了何仙姑这一故事，又不知是第几版矣。

为说明笊篱的来历,《安庆府志》上说,桐城投子山大同禅师小便时,牝鹿给舔了,怀孕生一肉球,肉球裂开,生出一女孩。女孩长大下山,被柴巷口何道人家收容,就姓何。一天,正在用笊篱淘米,忽然禅师派人来叫,拿着笊篱就去了。从师坐化成仙。这是从佛教的佛经《杂宝藏经》卷一"鹿女夫人"条生搬硬套而来,并无新意,只有交代那笊篱的来源是自己创造的,也不高明。《芥子园画传》中,她是挎着花篮,手执带露仙桃的,一派庆寿模样。后来把花篮出让,手执谐音的荷花矣。可见,笊篱上不了台盘,早晚得扔。还可指出,仙姑故事中屡次套用佛经,定型后手执荷花(莲花),是否透露出她的女巫原型带有佛教影响下的会道门色彩呢。宋末元初,这类宗教团体在江南一带颇为流行呢。

六

八仙故事的基本特点,大致可以概括为:

1. 他们都是老百姓喜闻乐见的人物。其共同特点是:只要八仙一起出现,一般来说,准有好事、喜庆事,而且显得特别热闹。所以,庆寿、年节等喜庆之事,每每要请他们来,为节日增添气氛,让场面变得更加活泼热烈。但他们是集体演员,个别出现不见得产生轰动效果,倾巢出动最佳。

2. 他们虽为集体,但个人特征都很突出,其扮相和穿着大致在清代前中期之间基本固定,而且深入中国老百姓之心,差不多人人都能认识他们。自那时以来直至近现代,他们的形象和法宝固定如下：

吕洞宾剑现灵光魑魅惊，常背剑（原为双剑，后改一剑或雌雄剑共鞘），代表"男"，因为他是主角，老生扮演。

何仙姑出水芙蓉不染尘，常执荷花一枝，代表"女"。

张果老渔鼓频敲有梵音，常执渔鼓，代表"老"。

韩湘子紫箫吹动千波静，常执箫，代表"少"。

曹国舅玉板和声万籁清，常执玉板，代表"富"。

汉钟离轻执小扇乐陶然，常执一葫芦形芭蕉扇，代表"贵"，因为传说他当过汉朝的将军。

铁拐李葫芦中出五蝠（福），常携葫芦，他是残疾人，算是代表"病"，也算是代表他附体乞丐的"贫"。

蓝采和花篮之内多有琪花瑶草，常携花篮，代表他本来出身伶工的"贱"。

我们注意到：（1）他们的法宝，或说是道具，经过交换使用。例如，蓝采和的玉板本是拍板，龙王争此玉板，燃起与八仙的战火。观世音菩萨调停，将八块玉板中的两块给了龙王，这才息事宁人。现在把玉板给了曹国舅，他不是伶人，打不了，只好把此板变成上朝时手执的一柄玉笏。（2）采用汉语修辞常用的谐音法，何仙姑姓何，即以荷花付之；蓝采和姓蓝，便给他花篮。（3）有些老道具不登大雅之堂，暗中取消，如笊篱，何仙姑、曹国舅原来都拿过，因其不雅而且很难发挥作用，还曾一度试验性地变成"竹罩"来罩人，效果也不见佳，导致最后消失。

清朝前中期八仙的道具或称法宝定型以后，很多工艺品如瓷器、丝织品、刺绣等，常让此八种器物出场代表八仙，称为"暗八仙"（见暗八仙吉祥图案1、2）。装饰有八仙或暗八仙的器物，都是用在喜庆事上的，带有欢乐、庆典意味。八仙上场的搭档，经常是福禄寿三星。元人杂剧中，常由全真教祖师爷东华帝君率领八仙上场，近现代的人对此君很陌生，况且他一出场，无形中就增添了严肃气氛，他也就被迫

暗八仙吉祥图案1

暗八仙吉祥图案2

八仙

渐渐地出局啦。这似乎暗含着透露出，由较单纯的宗教性质较浓的"神仙道化"剧，向为世俗典礼服务的节日喜庆剧发展。

3.八仙的故事传说，大致可分为以个人单独行动为主（可与其他几人配合，但不会导致全体行动）和八仙集体行动的两大类。

单独行动型，自宋元明清以来至今，灵活多变，而且随时代的变化而变化。我们当代采风得来的，如新中国成立后出版的许多关于八仙的传说故事等，都带有鲜明的反抗旧社会阶级压迫的色彩，而且比采风得来的济公的传说（与老小说《济公传》等大不相同）要更加革命化，这就说明，八仙传说本来就开放性很强，留给后人的发挥余地十分宽阔。这里所说，主要指的是在故事传说方面。

八仙集体行动型，基本上定格在节日庆贺关目上。但是，由于原来设计的节日庆贺关目就是个活套，例如，庆寿时，男女寿、老少寿和官商寿等，改动一些唱词、情节，都能应付。它是一把万能钥匙，能开千般锁，只要是喜庆热闹的事，找上他们就行。适应性特别强。因此，经过改编，八仙戏能在许多场合推陈出新，古为今用。

中国的罗汉

一

罗汉,是阿罗汉的简称,原来指原始的小乘佛教所达到的最高成就。据说,一位佛教徒修行,可能达到高低不同的四种成就。每一种成就叫一个"果位",有点类似于现代的学位制。这四种果位是:

初果:名为预流果(音译:须陀洹),获得了初果,在轮回转生时就不会堕入"恶趣"(指变成畜生、恶鬼等)。

二果:名为一来果(音译:斯陀含),得到此果,轮回时就只转生一次。

三果:名为不还果(音译:阿那含),得到此果,就不再回到"欲界"受生而能超生天界。

四果:是阿罗汉果,受了此果,则是诸漏已尽,万行圆成,所作已作,应办已办,永远不会再投胎转世而遭受"生死转回"之苦。得此果位的人，就称为阿罗汉，简称罗汉。

是不是所有的人都能修行成阿罗汉呢？传说古代南亚次大陆的弥兰陀王曾经特别问过那位在佛经中著名的那先比丘，是不是在家居士也有可能成为阿罗汉，答案是肯定的。但是必须具备一个条件：居士成为阿罗汉那一天，如果不当天出家，就有死去的危险。因此，成阿罗汉果的全是和尚。

二

如上所闻，证阿罗汉果位好像现在攻读获得的最高学位。证果，只是自身求解脱。根据小乘佛教的说法，得了阿罗汉果位，就是最终归宿（涅槃），颇有点为学位而学位的味道。说穿了，修罗汉果的不过是些"自了汉"。若全都如此，谁去传扬佛法？后来大乘佛教就往前发展了一步，以自身解脱为小，以众生解脱为大。主张一切有情成佛，以佛法成就众生。因此，开始提倡做佛灭度后不入涅槃护法弘法的阿罗汉，这是修阿罗汉果位的人未曾预期的任务，因此，释尊要在他们之中遴选。

据西晋时竺法护所译的《弥勒下生经》中说，东晋时译者佚名的《舍利弗问经》也说，佛涅槃时指派大迦叶（也译作"摩诃迦叶"）比丘、君屠钵叹比丘、宾头卢比丘、罗云（即罗怙罗、罗睺罗）比丘"住世不涅槃，流通我法"。他们都是释尊的亲传嫡系，罗怙罗还是释尊的亲生儿子。他们都是声闻。从释迦修行而得证阿罗汉果位的人虽多，但看来均已涅槃，无踪无影。最早住世的阿罗汉就是这四大比丘——四大罗汉——四大声闻。

三

如上所闻，释尊留下四大罗汉住世弘法，看来可能是按东西南北各占一方考虑的。他们的任务相当繁重，有加人的必要。有的佛经中就增加为十六人。北凉道泰译的《入大乘论》说："尊者宾头卢、尊者罗怙罗，如是等十六人诸大声闻……守护佛法。"但未列出其余十四人的名字。唐代湛然《法华文句记》引《宝云经》，也出现了"十六罗汉"，但只摘引出"宾头卢、罗云"两位，所引经义内容且不见于今存两种梁代译本《宝云经》。

现存汉译佛经中有关十六罗汉最早的典据见于唐代玄奘大师所译《大阿罗汉难提密多罗所说法住记》（以下简称《法住记》），难提密多罗意译为"庆友"，据说他是佛灭后八百年时狮子国（即今斯里兰卡）的名僧。他年辈较晚，虽成罗汉，却够不上"声闻"。《法住记》中所记的是"如是传闻"，而非"如是我闻"。书中说，庆友在涅槃时将十六大阿罗汉的法名和住址告知大众，今将《法住记》十六罗汉名号照录如下：

第一位：宾度罗跋啰惰阇，他的典型形象是头发皓白，有白色长眉，俗称"长眉罗汉"。中国禅林食堂常供他的像。

第二位：迦诺迦伐蹉，据《佛说阿罗汉具德经》说，他是"知一切善恶法之声闻"。

第三位：迦诺迦跋厘惰阇。

第四位：苏频陀。

第五位：诺矩罗。

第六位：跋陀罗，意译为"贤者"，是佛的一名侍者。据《楞严经》，他主管洗浴之事，所以近世禅林浴室中常供他的像。

第七位：迦理迦，是佛的一名侍者。

第八位：伐阇罗弗多罗，意为"金刚子"。

第九位：戍博迦，有"贱民""男根断者"之义，可见其出身不高，或为宦者。

第十位：半托迦，与第十六位注荼半托迦乃是兄弟二人。据说他们的母亲是大富长者之女，与家奴私通，逃奔他国，久而有孕，临产归来，在途中生二子。大的叫半托迦，意为"大路边生"；小的叫注荼半托迦，意为"小路边生"。兄聪明，弟愚钝，但均出家成罗汉。

第十一位：罗怙罗，意译"覆障""障月""执月"。他是释迦在俗时所生唯一的儿子。十五岁出家，为佛的十大弟子之一，"不毁禁戒，诵读不懈"，称为"密行第一"。

第十二位：那伽犀那，意译"龙军"，习称"那先比丘"，生于佛灭后，七岁出家，曾在舍竭国答国王弥兰陀之问，大阐佛法。

第十三位：因揭陀。

第十四位：伐那婆斯。

第十五位：阿氏多，是佛的一名侍者。

第十六位：注荼半托迦。

中国佛教中佛和菩萨的形象到唐代已基本定型，逐渐类型化。他们的衣饰也很特殊，与平常的世俗人等区别很大。罗汉的传说大致是从《法住记》流行后才开始普及的，罗汉穿的又是汉化了的僧衣，和一般的和尚没有什么区别，有关他们的生平资料也不多。这些都给艺术家以驰骋想象创造余地，使他们可以在现实的老幼胖瘦高矮俊丑等大量活生生的和尚的基础上发挥想象，创造出生动的多种罗汉形象来。可以说，罗汉的形象一传入中国，就异常生动活泼地显现在佛教徒、艺术家的心目中，丰富了中国绘画、雕塑的题材和内容。

《宣和画谱》卷二载，梁代著名画家张僧繇画过十六罗汉像。他的根据我们已无从考订。《法住记》译出并流行后，画十六罗汉的名家甚多，唐代卢楞伽的《六尊者像》特别爱画这种题材。"诗佛"王维，也画有此种图四十八幅。有关五代时画十六罗汉图的记载则更多。现知最早的十六罗汉雕塑在杭州烟霞洞，也是吴越王钱元瓘的妻弟吴延爽发愿所造。

可参照贯休《罗汉像》)(刘松年《罗汉图》)(吴彬《十六罗汉图卷》。

四

如上所闻，五代时对罗汉的尊崇开始风行。值得注意的是，它还有所发展：首先在绘画中由十六罗汉发展为十八罗汉。原来，画十六罗汉像的画家，也有加绘两人的。有人推

八仙

刘松年·《罗汉图》

明吴彬画·《十六罗汉图卷》（万历十九年绘）1

明吴彬画·《十六罗汉图卷》（万历十九年绘）2

明吴彬画·《十六罗汉图卷》（万历十九年绘）3

明吴彬画·《十六罗汉图卷》（万历十九年绘）4

明吴彬画·《十六罗汉图卷》(万历十九年绘)5

明吴彬画·《十六罗汉图卷》(万历十九年绘)6

明吴彬画·《十六罗汉图卷》(万历十九年绘)7

论说，原来画的大约是《法住记》的述说者庆友尊者和译者玄奘法师。这种设想极可能符合最早的事实，但岁久年深，已难于找到确切证明。

今所知对五代时画十八罗汉像的最早的形象化记录见于苏轼所作《十八大阿罗汉颂》一文。苏轼记录说，他在谪居海南岛时，从民间得到前蜀简州金水"世擅其艺"的张氏所画"十八罗汉图"——说明这种图当时已很普及，张氏累世所画也不在少数——据苏氏所记，这幅图颇具生活情趣，每个罗汉均有童子、侍女、胡人等作陪衬，有点像世俗画的"燕居图"。苏氏未写出十八罗汉名号——但他在后来所写的《自海南归过清远峡宝林寺敬赞禅月所画十八大阿罗汉》一文中给明确补出了。苏氏文中前十六罗汉名号均取自《法住记》。第十七位，苏氏称为"庆友尊者"；第十八位，称为"宾头卢尊者"，显然是第一位罗汉的重复。苏东坡是深明佛学的人，怎么会犯这样的错误呢？可能是照抄当时流行的说法。这恐怕也由于中国古代夏夷观念较强，不愿意把本国的玄奘法师和那十七位出身、年代、国籍都不同的外来户掺和在一起。宋咸淳五年（1269年），志磐在其所著《佛祖统记》卷三十三中提出：庆友是《法住记》的作者，不应在住世之列；宾头卢为重复。第十七和第十八位应当是迦叶尊者和军徒钵叹尊者，也就是《弥勒下生经》所说的四大声闻中不在十六罗汉之内的两位尊者。这种说法，把四大罗汉和十八罗汉以住世为环节联系起来，言之有故。若承认有十八罗汉，取志磐的解释，还算自圆其说。可是到了清朝乾隆年间，皇帝和章嘉呼图克图认为，第十七位应是降龙罗汉，即嘎沙鸦巴尊者（即迦叶尊者）；第十八位应是伏虎罗汉，即纳答密喇尊者（弥勒尊者）。降龙伏虎的传说是中国的，起源甚晚，大约在北宋以后。不过这两尊像画起来或塑起来有龙和虎作为道具和陪衬，易于生动，再加皇帝御定，以后的十八罗汉就以皇帝考证出来的为准了。

近代以来，十八罗汉常被塑在寺庙里的大雄宝殿之中，作为释迦或过去现在未来三世佛的环卫。在《西游记》等小说及相关戏剧中，他们经常成组出动，在斗争中作释迦的先行。如"十八罗汉斗悟空""十八罗汉斗大鹏"等便是。可是成群结伙，缺乏个性，而且战绩不佳，常常失败，最后还得如来佛亲自出马。他们往往是这种垫底儿抬高祖师爷的角色，在文学作品中没有什么光辉。倒是在艺人的腕下，名图名塑常见，精彩迭出。所以，培育出中国化罗汉的，乃是中国的艺术家。

五

据《十诵律》卷四所记，释迦出生时，便有随他听法传道的五百弟子，称为"五百罗汉"。《法华经·五百弟子授记品》中也记有佛为五百罗汉授记的事。《法住记》记十六罗汉各有驻地，各有部下，从五百到一千六百不等；五百罗汉是其中最起码的一组。《舍利弗问经》中又记载，弗沙密多罗王灭佛法后，有五百罗汉重兴圣教。西晋竺法护译的《佛五百弟子自说本起经》中又记载了佛灭度之次年迦叶尊者与五百罗汉（五百比丘）最初结集的事。结集是意译，指的是编纂佛教经典。南传佛教又有五百罗汉参加在斯里兰卡举行的第四次结集的传说。总之，有关五百罗汉的传说，在佛经中多有记载。可是，都没有记下名号。

五百罗汉是何时出现于中国的呢？据《高僧传》卷十二，他们最初显现于天台山，那是东晋时代的事。到了五代，对罗汉的崇拜兴盛。显德元年（954年），道潜禅师得吴越钱忠懿王的允许，迁雷峰塔下的十六大士像于净慈寺，创建五百罗汉堂。宋太宗雍熙二年（985年），造罗汉像五百十六尊（十六罗汉与五百罗汉），奉安于天台山寿昌寺。在此期间，各地寺院也多兴建罗汉堂或罗汉阁。名画家李公麟等画有五百罗汉图像（如图《明代仿李公麟五百罗汉》所示）。至于罗汉名号，现存最早石刻记录是宋绍兴四年（1134年）十二月所立的《江阴军乾明院罗汉尊号石刻》，乃南宋人高道素所录，列举第一罗汉阿若小乔陈如到第五百罗汉愿事众，一应俱全。这是中国人的创造。原碑不存，碑文收在《嘉兴续藏》第四十三函中。近代佛寺所塑五百罗汉像，多依之列名。

五百罗汉塑像众多，非一般佛殿所能容纳，多另辟罗汉堂（如图罗汉堂1、2所示）以处之。立此一堂罗汉，用工甚巨，所以，带罗汉堂的庙多为大寺名刹。近代寺院中有代表性的罗汉堂，有北京碧云寺、上海龙华寺、汉阳归元寺、昆明筇竹寺等。有关的名画也不少，如庐山博物馆藏清人所画五百罗汉单身大画数百幅等，也很有名。

有趣的是，由于五百罗汉人数众多，很难一一指实，有

明代仿李公麟白描五百罗汉图局部

的人就想把自己的形象也塑将进去，过过受香火的瘾。这方面有代表性的是清乾隆皇帝。北京碧云寺罗汉堂里第四百四十四尊（有牌位、号数）罗汉称为"破邪见尊者"，这位金身顶盔挂甲，罩袍蹬靴，两手扶膝，双目炯炯，分明戎武帝王身，哪是超尘离垢相，原来，这就是乾隆为他自己塑的那尊罗汉像。更有意思的是，昆明筇竹寺内清朝末年名塑五百罗汉像中，竟然出现了基督教祖师爷耶稣的形象，真是匪夷所思。据我们推测，那时法国占领了越南，英国占领了缅甸，他们的传教士经常越界深入云南，进行种种活动。云南本是佛教盛行之区，对基督教教义自然格格不入，但慑于列强的

罗汉堂1

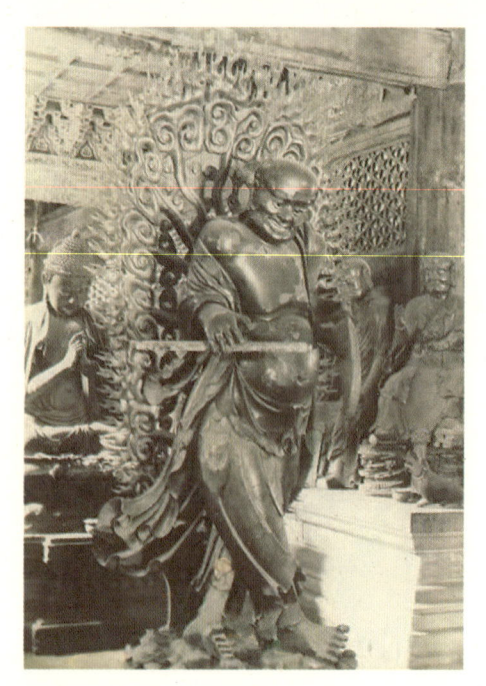

八仙

罗汉堂2

淫威，对那些教士的公开传教也无可奈何。好在佛法广大，无所不包，他们宣传的教义可以包括在佛法之中。于是就出现了这尊奇特的形象。

近代罗汉堂中，除五百罗汉外，常有济公出现。济公实有其人，乃是南宋人李心远（1148—1209），台州（今浙江省临海）人，出家后法名道济。他在杭州灵隐寺出家，后移净慈寺。据说他不守戒律，嗜好酒肉特别是狗肉蘸大蒜，举止如痴如狂，被称为"济癫僧"。他后来被神化，认为是降龙罗汉转世，被尊称为"济公"。这是个土生土长的、塑造得极有个性的中国罗汉。他具有人民大众所喜爱的诙谐幽默的性格，能做些出人意表的快心之事，所以，他在中国是颇得人心的罗汉。可惜，据民间传说，他去罗汉堂报到晚了，只能站在过道里（如江南某些大寺），或蹲在房梁上（如北京碧云寺）。他的面像也很特殊，常塑成半边脸哭半边脸笑，所谓"哭笑不得""半嗔半喜"，如苏州西园戒幢律寺罗汉堂过道里站着的济公，就是个中典型。游罗汉堂的人，对这唯一的例外安排与面貌印象十分深刻，忘了那五百客籍也忘不了他。他是中国人，是位土产的中国的罗汉。

竹夫人与汤婆子

一

"竹夫人"为供夏季纳凉用,"汤婆子"供冬季取暖用,同属于床上用品。现代都市家庭中早已不用,当代青年可能见都没见过。前几天看电视节目,看见浙江省某市的民俗博物馆中展出竹夫人,不由得慨叹,我们七老八十的人几十年前使用的东西,竟然成了文物啦!

先从竹夫人说起。

《红楼梦》第二十二回中,薛宝钗作了一首灯谜:

有眼无珠腹内空,荷花出水喜相逢。
梧桐叶落分离别,恩爱夫妻不到冬。

(见于程乙本,人民文学出版社排印本据之。脂砚斋本无之。)

谜底，大多数人认为是"竹夫人"。此谜对竹夫人的形象、用途及使用季节作了清楚的说明。清代赵翼《陔馀丛考》卷三十三"竹夫人汤婆子"条：

编竹为筒，空其中而窍其外，暑时置床席间，可以憩手足。取其轻凉也。俗谓之"竹夫人"。陆龟蒙有"竹夹膝"诗，《天禄识馀》以为即此器也。然曰"夹膝"，则尚未有"夫人"之称，其名盖起于宋时。东坡诗云："留我同行木上座，赠君无语竹夫人。"又："闻道床头惟竹几，夫人应不解'卿卿'。"自注云："世以竹几为'竹夫人'也。"又，黄涪翁云："赵子充示'竹夫人'诗，盖凉寝竹器，憩臂休膝，似非夫人之职。予为名曰'青奴'。"陆放翁亦有诗云："宝床新聘竹夫人。"罗大经《鹤林玉露》亦载：李公甫谒真西山，丐题。西山指"竹夫人"为题，曰："蕲春县君祝氏，可封卫国夫人。"公甫援笔立就，有云："保抱携持，朕不忘两夜之寝；辗转反侧，尔尚形四方之风。"西山击节。又，今人用铜锡器盛汤，置衾中暖脚，谓之"汤婆子"，或以对"竹夫人"。此名虽不经见，然东坡有致杨君素札云："送暖脚铜缶一枚，每夜热汤注满，塞其口，仍以布单裹之，可以达旦不冷。"然则此物亦起于宋，其名当亦已有之。按，范石湖有"脚婆"诗，则是时并有"脚婆"之称也。

此则已经把竹夫人和汤婆子的事讲得够清楚的了。竹夫人是夏季供人搂着睡觉的一种"取凉"工具。估计在宋代时已盛行于我国南方地区。前面已提到，最近看电视，见有一部专题片，讲浙江某地建一座与"性文化"有关的博物馆，搜集了一些竹夫人，认为能引起男士对房事的联想或兴致，其实女性和小孩儿也抱的（儿童抱小型的）。

至于上面连带提到的汤婆子，则是冬季藏在被窝里取暖用的。20世纪时流行橡胶暖水袋，汤婆子在许多地方为其取代。在当代，人们特别是住在城市里的人，有空调和电暖器取暖，有的年轻人已不知此二者为何物了。

可是，即如宋代，因为在南宋管辖地区竹夫人很流行，以致遇见江浙一带一般人见不着的器物，往往就拿竹夫人来作模拟性说明。如宋代孟珙《蒙鞑备录》用竹夫人来说明南方人很难看到的北方蒙古族妇女戴的"顾姑冠"：

其俗出师不以贵贱，多带妻孥而行，自云用以管行李、衣服、钱物之类。其妇女专管张立毡帐，收卸鞍马辎重、车驮等物事，极能走马。所衣如中国道服之类。凡诸酋之妻，则有顾姑冠，用铁丝结成，形如竹夫人，长三尺许，用红青锦绣或珠金饰之其上。

宋代康与之《昨梦录》谈到治河用的"卷埽"：

取长藤为络，若今之竹夫人状，其长大则数百倍也。

实以刍藁土石，大小不等。每量水之高下而用之。

清代方浚师《蕉轩录》卷五"竹夫人"条则有明确说明：

编竹如圆枕，空其中，长三四尺，夏月抱以卧，可以清暑，名之曰"竹夫人"。东坡诗："留我同行木上座。赠君无语竹夫人。"是送竹几与谢秀才。俗呼竹几亦曰"竹夫人"也。

清代顾禄《桐桥倚棹录》卷十一"竹夫人"条说：

亦虎丘人为之。有藤、竹两种。

第一句只是说苏州地区制售竹夫人者集中在虎丘，不是说别的地区不制售。第二句说竹夫人有藤、竹两种，相当重要，说明还有"藤夫人"呢！这倒是少见记载的。顾禄还引董大伦的"《竹夫人》词"八首，现仅录其前二首，其他请读者自己去翻阅罢：

彼美其谁似此君，相偎竹肉竟难分。
终宵抱梦西帘下，犹作潇湘一段云。

玲珑骨相自天然，好向圆通证昔缘。
应是前身琐子骨，要人参透老婆禅。

第一首中，潇湘、云雨是尽人皆知的两则老典故合用。第二首则用的是唐代李复言《续玄怪录》中"延州妇人"一则故事，说的都与"性事"有关，也难怪那所博物馆要往那种地方去联想啦。其实，也就只能抱着解热，干别的不行，所以有的文章就说竹夫人是有节操的了。

现知最早有关竹夫人的资料，是唐代陆龟蒙和皮日休的各一首诗。

陆龟蒙的诗是《以竹夹膝寄赠袭美》（《全唐诗》六二五）：

截得筼筜冷似龙，翠光横在暑天中。
堪临薤簟闲凭月，好向松窗卧跂风。
持赠敢齐青玉案，醉吟偏称碧荷筒。
添君雅具教多著，为著西斋谱一通。

皮日休的诗是《鲁望以竹夹膝见寄因次韵酬谢》（《全唐诗》六一四）：

圆于玉柱滑于龙，来自衡阳彩翠中。
拂润恐飞清夏雨，叩虚疑贮碧湘风。
大胜书客裁成束，颇赛溪翁截作筒。
从此角巾因尔戴，俗人相访若为通。

可以推论出，竹夫人大约在唐代已经有了，当时的通行称呼是"竹夹膝"。清代魏崧所编类书《壹是纪始》卷十一，就据此而称"竹夫人始于唐"。

可是，"竹夫人"之称正式成立并迅速传播，八成出于前引苏轼的诗。必须注意的是，苏轼是把"竹几"称作竹夫人的。拙见以为，竹几的形制屡见于古代记载，如明代王圻父子所编《三才图会》的"器用二卷·古器类"中，就有"几"的图像"几"（如下图所示），它是一种放在席上或矮榻上供斜靠的器物，想来如果独居没有外人，把一条腿斜跨在上面歇歇也行。所以，《三才图会》特别注明："凡所以安身。故加诸老者，而少者不及焉。"它是在由席坐改椅坐过程中逐渐被淘汰的，同为明代人文震亨所编的《长物志》，所载已经是

几

八仙

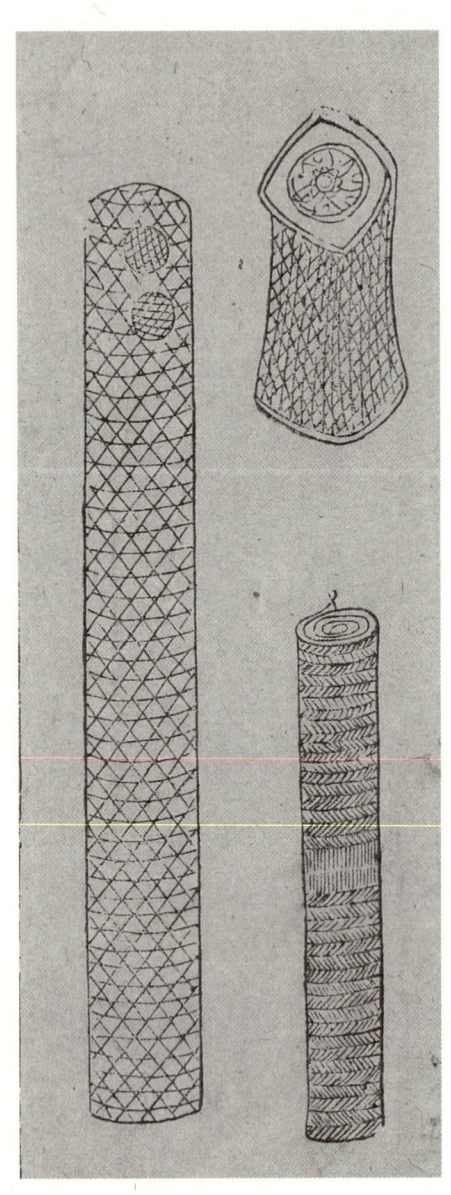

三才图会・竹夫人

明代常用器物，"几"已变高变长，成为高几，两者很不相同了。苏轼所说的竹几，看来就是这种榻上用的矮几，它不是竹夹膝。单从词义上就可见出，竹夹膝是夹在两膝中间的，竹几却是供人倚靠的。可是传来传去传错了，大家就把竹夹膝作为竹夫人了。如前引所见，黄庭坚委婉地对苏轼"竹几"的说法表示不赞成，把真正的竹夹膝命名为"青奴"，又作"竹奴"。"青奴"之称在宋代颇为流行，诗词中屡见。可是，再往后提到竹夹膝的，却是以称作"竹夫人"者为多。拙见是，苏东坡的名气大，后人谈到竹夫人，一般爱从他那儿开始。可是，大家却忘记了去考查一下：苏轼说的竹夫人可不是竹夹膝，而是竹几！

中国人是热爱对偶的，诗文中提到竹夫人的时候，往往给竹夫人找一个对立面，在诗文中形成对偶，苏轼自己用的是"木上座"（僧人用的手杖），不够浪漫，后人作对时就找出"汤婆子"来，恰好形成对比。

二

汤婆子是一种金属（常用铜、锡）或瓷器做成的扁壶状器物，注入热水，塞好塞子，外面包上几层布（以防烫伤并防止热度迅速降低），冬季放在被褥内取暖。一般来说，不宜放的时间过长。

元代佚名《东南纪闻》卷三中"锡夫人"条："锡夫人者，俚语谓之脚婆。鞲锡为器，贮汤其间。霜天雪夜，置之衾席，用以暖足。因目为汤婆。"

清代厉荃《事物异名录》卷十九："锡奴，温足瓶也。俗名汤婆子。"

如前所引，宋代人对汤婆子的俗称是"脚婆"。可是，《壹是纪始》卷十一也提到"暖足瓶始于唐"，并发挥说："唐杜甫有《咏铜瓶》诗：'侧想美人意，应悲寒甃沉。'此即暖足瓶也。宋黄庭坚有《戏咏暖足瓶》诗：'千钱买脚婆，夜夜睡天明。天明更倾泻，盥手有馀温。'一名'汤婆子'，一名'汤媪'。东坡《致杨君素札》云：'送暖脚铜缶一枚。'"把这种器物的种种别名列出。我们要说的是：杜甫的《铜瓶》诗（《杜诗详注》卷八）咏的是汲水铜瓶，形制较为细长，与暖足瓶大不相同，无法互相替代。

应该说明，黄庭坚很爱惜用水，天明时还用剩水洗脸洗手，少爷小姐，甚至于一般的人，都不是这样用法。试举三例小说中使用汤婆子的描述为证：

《金瓶梅》第六十七回：

西门庆令他解衣带，如意儿就知他在这房里歇。连忙收拾床铺，用汤婆熨的被窝暖洞洞的，打铺睡下。

《红楼梦》第五十一回：

宝玉看着晴雯麝月二人打点妥当，送去之后，晴雯麝月皆卸罢残妆，脱换过裙袄。晴雯只在熏笼上围坐。麝月笑道："你今儿别装小姐了，我劝你也动一动儿。"

晴雯道:"等你们都去尽了,我再动不迟。有你们一日,我且受用一日。"麝月笑道:"好姐姐,我铺床。你把那穿衣镜的套子放下来,上头的划子划上,你的身量比我高些。"说着,便去与宝玉铺床。晴雯嗐了一声,笑道:"人家才坐暖和了,你就来闹。"此时宝玉正坐着纳闷,想袭人之母不知是死是活,忽听见晴雯如此说,便自己起身出去,放下镜套,划上消息,进来笑道:"你们暖和罢,都完了。"晴雯笑道:"终久暖和不成的,我又想起来,汤婆子还没拿来呢。"麝月道:"这难为你想着!他素日又不要汤婆子,咱们那熏笼上暖和,比不得那屋里炕冷,今儿可以不用。"宝玉笑道:"这个话,你们两个都在那上头睡了,我这外边没个人,我怪怕的,一夜也睡不着。"晴雯道:"我是在这里。麝月往他外边睡去。"说话之间,天已二更,麝月早已放下帘幔,移灯炷香,伏侍宝玉卧下,二人方睡。

清季邹弢《海上尘天影》第十九四,讲丫鬟服侍小姐用汤婆子的情况,更为清楚。摘录如下:

原来双琼听了明珠一番恳挚的话,面上虽说不出,心中十分感激,今借喝汤一节,以表爱婢之心,明珠岂有不知的?约到起更以后,果然去装了一个铜点雕花书景汤婆子来,同双琼压在被里,服侍双琼睡了,替他下了帐幔,说道:"姑娘,你且暖暖,停一回我来取出来。"

双琼睡后，万虑钻心，不能成寐。明珠做完了鞋儿，上好了底，来取汤婆子。双琼方才睡去。

这是为了防睡熟后不留神烫伤，或者水溢出来弄潮被褥。也因为汤婆子越来越凉，到最后还得靠被褥来保持它的热度啦！黄庭坚在清晨用的汤婆子里的热水，八成还是靠被褥温暖之力保持住水温的呢！

三

竹夫人因为有了"夫人"的封号，地位较尊。文人据以生发，巧用双关等修辞手法，创作出一些文绉绉的游戏文字来。

宋代罗大经《鹤林玉露》甲编卷四"竹夫人制"条，全文为：

李公甫谒真西山，丐词科文字。西山留之小饮书房，指"竹夫人"为题曰："蕲春县君祝氏，可封卫国夫人。"公甫授笔立成，末联云："於戏！保抱携持，朕不忘两夜之寝；辗转反侧，尔尚形四方之风。"西山击节。盖八字用《诗》《书》全语，皆妇人事；而形四方之风，又见竹夫人玲珑之意。其中颂德云："常居大厦之间，多为凉德之助。剖心析肝，陈数条之风刺；自顶至踵，无一节之瑕疵。"

明代《杨维桢集》卷二十八有《竹夫人传》：

夫人竹氏，名茹，字珍珑，自号抱节君。其先为孤竹君之子，曰智，谏武王伐纣不听，遂不食周粟，饿于首阳山，且死，召其族告曰："吾不食死。百世后，当有不食饮者为吾女氏，以救世之浊热，然未尝如锁子妇之骧其节也。"越若干世，为宋之元年，果生夫人，夫人生而瘠如箧器，成将作匠之罗织，巧慧其中，玲珑空洞无他肠，又善滑稽圆转，虽与人狎，其情邈然如木偶氏，诮夫人者无蠡斯分，而善之者则无内荒长舌之祸也。尝见聘赵氏子充家奴畜之，豫章黄太史庭坚闻其人，作诗雪之，以为憩臂休膝辱夫人，而况又奴之乎？夫人亦犯而不校，夫人自以家世素清节，终耻屈身于人，铅华丝锦弗之御，虽荆钗棘簪之微，一皆弃斥。由王后嫔妃、下至公卿百执事，无不器重之，召亦无不往，然所在抱节终身，未尝少污其洁。先是得长生久视术于羿娥氏，用能辟谷导引，以应鼻祖氏之言，其踪迹诡秘，当炎而出，方秋即遁去，人或谓尸解，不知其终。史氏曰：庄周称姑射山有神人，肌肤若冰雪，绰约若处子，夫人岂其流亚欤？

清代陆以湉《冷庐杂识》卷八有"竹夫人"条，摘录如下：

保抱携持，朕不忘五夜之宠；辗转反侧，尔尚形四方之风，宋李公甫所作《竹夫人封词》也，工妙鲜匹。朱瓣香同年又仿《毛颖》《革华》之例，作《倚玉山房夫人鲍灵拢传》，有云："夫人撰有《抱青集》，其《子夜歌》云：'感郎绸缪意，许侬情久长。郎意虽云热，侬心只自凉。''肯以雨露浓，而忘抱冰雪。郎自竭郎欢，侬自尽侬节。''兰蕙有幽馨，桃李多艳姿。阿侬无他好，虚心足郎师。'寓意深婉，得风人旨。"

四

中国俗文学作品有一个古老的传统，即使用相辅相成的一组人物或拟人化人物（主要人物通常为两个），并列不分主次，编成一台"戏"。今所知早期俗文学作品的"俗赋"，即连云港市尹湾1993年出土的简牍本西汉《神乌传（赋）》，就是现知最早的样品。敦煌遗书中《燕子赋》《茶酒论》亦为中古文学中代表作。明清时，此类作品更多。竹夫人与汤婆子正好形成一组，时间上互为代序，关系上互为第三者，实为最优秀的组合。明清民歌小调中描写这二位的作品不少。举例如下：

竹夫人

竹夫人原系从凉妇，骨格清，玲珑巧，（我是）有节湘奴，幸终宵搂抱着同眠同卧，（只为）西风生嫉妒，（因此）冷落把奴疏，别恋了心热（的）汤婆子，（教我）尘埋（受）半载（的）苦。[分明是竹夫人醋汤婆语，汤婆独无言乎，余为代一篇云。汤婆子本是个耐岁寒（的）悄性，一谜里热心肠和你温存，绣帏中锦被里多曾帮衬，（亏我）伴过了三冬冷，（你又）别娶了竹夫人，你两个贴肉（的）相亲也，（就放我在）脚跟头，（你也）还不肯。

家有二醋，主人苦矣，余再以一篇解之云，竹夫人，（你是）伶俐的，（休为）汤婆闷；汤婆子，（你是）老成的，（也莫怪）竹夫人。你两人各自去行时运，冷时节（便用）汤婆子，热时节（便是）竹夫人，（我与你）派定休争也，（各自）耐着心儿等。

又

俏冤家，错认那竹夫人有趣，竟不知这东西却是虚的，哄情人搂抱在怀儿里睡，他心儿里有两个，走滚无定期，热处和你温存也，冷处（就）抛撒你。

明清时期流行的《山歌》《挂枝儿》等作品集里，有关竹夫人和汤婆子的对歌尚多，请读者自行寻觅吧。

琉璃喇叭·鼓珰·料泡·响葫芦·倒掖气

题目上五个专名词，实际上指的是同一种事物，不过随时地之不同，各有叫法。还有叫"噗噗噔""乓嘣"的呢。所指都是一种主要供儿童作玩具的玻璃器。中国南北各地繁华之区，见于记载的，如北京、山东、广东等地都有生产销售者。即以北京而言，《北京民间生活百图》第八十六图画的就是"卖琉璃喇叭图（图1）"。这部画册大约绘制于清代，约在八国联军撤退后洋人大批进京做种种营谋或观光之时。销售对象主要是外国人。此图附右说明：

此中国卖琉璃喇叭之图也。其人用碎玻璃溶化，吹成喇叭。又有"吓吓噔"。以每逢冬春庙场游人必买，吹之，响声"呜嘟嘟"。连音吹之，可听，俱买也。

卖琉璃喇叭图

"吓吓噔"是俗字，一般写作"噗噗噔"。这又是我们此文中出现的一个新的同义词。所谓"冬春庙场"，主要指的是庙会，特指厂甸春节设摊。"游人必买"，实际上也主要是买给小孩儿吹着玩儿的，但也有一些小流氓类型的时髦男青年买来吹着显示自己的。《中华竹枝词全编》第十六页，民国年间"玉壶生"（生平不详）所作《厂甸竹枝词》中，一首云："引类呼朋号自由，时装打扮似名优。口吹扑磴招摇过，豚尾蓬松系气球。"末句形容剪辫子以后还留着一个小辫儿，在那上面系一个气球。"扑磴"就是"噗噗噔"。

琉璃喇叭的烧制方法，清初孙廷铨（1613—1674）所著《颜山杂记》卷四有较为详细的记载，兹据《四库全书》（影印文渊阁本）节录如下：

> 凡为鼓当，先得葫芦，旋烧其底而四流之，以均其薄，欲平而不平，使微杠焉，以随气之动，乃得鸣。鼓当者，响葫芦也，言微气鼓之而当鸣也。

这一则，迭见《日下旧闻考》卷一百五十、《琉璃厂小志》第一章等处引用，但均系节引。且有错字，如"四流"误作"凹流"，"微杠"作"微槓"，都是关键性的错字，不可不察。而且，孙氏辑录的是他的家乡山东益都的事，北京方志中借来引用，只是证明两地都生产鼓当罢了。

清代吴趼人（1866—1910）所著《发财秘诀》第一回，把这件事说得更加透彻：

> 那料泡是一件什么东西呢？原来是用玻璃吹成的一个泡儿，其样式就和馒头一般。那"馒头"面上正当中却做出一个小管。那小管的玻璃略厚，那泡儿的玻璃却比纸还薄。靠底一面那块平玻璃，却做得略略有点微凹了进去。如此不停呼吸，那玻璃也不住的凹凸。其凹凸之时却有声响，作兵嘣兵嘣之声。广东人就叫他做"兵嘣"，是卖给小孩子玩的。小的不过荸荠

大小，零买只得二三文一个；大的有馒头大小，也不过十来文一个。

我们是从《晚清文学丛钞·小说二卷》抄录来的，这部著作原载于《月月小说》一卷第十一、十二及二卷第一、二期，1906—1907年出版。这一段文字里，又加上一个新词"乒嘣"，说的还是这种物件。

近人孙殿起先生《琉璃厂小志》第一章"概述"中"烧殿瓦及器物"条，引用清初魏坤（1646—1705）的《倚晴阁杂钞》说：

琉璃厂原为烧殿瓦之用。瓦有黄、碧二种。明代各厂俱有内官司之。如殿瓦之外所制：……一曰葫芦，小者寸许，大或至径尺，其色紫者居多。一曰响葫芦，小儿口衔，嘘吸成声，俗名"倒掖气"。

魏坤此书我没有见过，只可转引。孙氏此则大约系自《日下旧闻考》卷一百五十等书转引。魏坤，浙江嘉善人，据说他"弱冠游京师"，那时正当康熙初年。"葫芦"是"响葫芦"的成型基础，我们连类摘引。我年轻时游览琉璃厂，看见琉璃喇叭也有葫芦形的，属于高级货，价格高；一般"酒盏"形的，如《生活百图》所绘，则售价较低，按大小论价。再看下面两则：

琉璃喇叭者，口如酒盏，柄长二三尺。咘咘噔者，形如葫芦而长柄，大小不一。皆琉璃厂所制。儿童呼吸之，足以导引清气。

　　琉璃喇叭，"旧闻"不载。咘噔即鼓珰，亦名响葫芦，又名倒掖气。小者三四寸，大者径尺，其色紫者居多。小儿口衔，嘘吸成声。

　　以上引自清人富察敦崇《燕京岁时记》"琉璃喇叭、咘咘噔"条。富察敦崇（1855—1922），满族，著名的满族女诗人顾太清的外孙，属于清代至民国初年的"老北京"。"咘咘噔"即"噗噗噔"的俗字。其实，连"噗噗噔"恐怕也是俗字，取其谐音而已。综合前述可知，起码在北京，这种玩物都是琉璃厂的产品，因此，在春节厂甸庙会中必有此物出售，平时倒是少见。一直到建国初还是如此。我从1943年至1950年前后，年年逛厂甸，年年看见它。可是从来不敢买，因为怕吹破了吸进嘴里甚至气管里，可就不妙了。建国初，约在1950—1951年之间，有人在报纸上提意见，政府马上下令禁止，从此就看不见它了。

　　《颜山杂记》记的是山东的事，《发财秘诀》记的是广东的事，可见，此物在那两个地方也颇有生产。特别是《发财秘诀》，所记一位叫"区丙"的广州人贩卖"料泡"的事，颇为生动。以其连篇累牍，辄节引一部分，以资谈助：

　　忽见一家店铺在那里烧料泡……便先去买了一个竹

筐，再到那料泡店中，拿出二钱银子，大大小小买了二三百个……

区丙贩了料泡到香港去，在马路旁边憩下，手中拿着一个，不住的兵嗙兵嗙呼吸着。这是他们贩这个东西的规矩，叫人家听见了好来买的意思。……信步行去，口中仍是呼吸着那泡儿，兵嗙兵嗙的作响。忽然迎面来了一个外国人，看见区丙，便立定了脚看他。区丙胆战心惊，低着头只管向前走去。那外国人嘴里叽里咕噜的叫了一句话，区丙不懂得，只不敢理睬他，仍向前去。那外国人赶了上来，一把拉住，吓得区丙放下竹筐，唇青面白，不住的瑟瑟发抖。那外国人低下头，在篮里拣了一个顶小的，对区丙又唧咕了几句。区丙不知是什么意思，接过那泡儿，衔着小管，一阵呼吸。那外国人在他手里取去，又唧咕了几句。区丙暗想，莫非他要买么？这个顶小的，在乡下只卖得一文钱一个。卖给他，不可卖贵了。恐怕他打听出来，说我卖贵了，说我欺他。然而苦于不知道"一文钱"三个字外国话怎生说法，无奈，只得和他做手势，伸出一个指头来。那外国人看见，就在身边摸出一元洋钱给他。区丙大喜，口中连说："多谢，多谢！"那外国人交了洋钱，拿起那泡儿一吹，只听得嘣的一声，那块底上的玻璃破了一大块，以后再吹就不响了。外国人把他摔在路边，又拣了一个，给了一元洋银，又拿起一吹，依然破了。外国人很以为奇，摔了破的，又拿起一个，对着区丙唧咕。区丙此时福至心灵，知道是问他的吹法。他便接在手里，呼吸了一会，又鼓动两腮，以示呼吸之意……

那区丙看见外国人买的少了，他却弄一个玄虚，把那料泡儿吹做一片觱篥之声。外国人见了，又以为奇怪。原来那种料泡，另有一个吹法，是用嘴唇衔着那管子，轻轻用气吹进去，可以鼓荡得成一片觱篥之声。

这一则很重要，它记录了两种吹料泡的方法：一是用嘴含着吹，此法人人都会；另一种则是如吹箫一般，嘴唇贴着管口吹，不是人人都会的。

这种玩物，在北京并非每个季节和每个地方都卖。可是，《发财秘诀》中记载，广州有长期生产售卖这种东西的店铺，看来是常年供应。《发财秘诀》中也有说明：

近日粤东妇人，不知何所取义，供奉孙悟空神像，香炉之上，倒插料泡一个。偶然一响，则欣欣喜曰："大圣爷爷灵感，来佑我矣！"此等迷信，省会富贵家尤多。余尝细思其故，实因料泡倒插炉中，其筒口为炉灰所闭，郁抑既久，偶一发泄。发泄之时，其气上冲，故作咯嘣响，屡试不爽。一日之中，多则响三四次，少亦响一二次。总视炉灰之多少为响数之多少。灰多则气愈塞，愈塞则愈易鼓动而泄也。

（《发财秘诀》第一回）

看来，此物又属于迷信用品，易耗物资，需要常年供应，必须专业生产呢。

附

清代光绪三十二年"颐安主人"自序的《沪江商业市景词》中，有一首"料泡厂"："琉璃制器有专门，大小瓶形各式存。烧得料泡明似镜，配成何用最纷繁。"这首词清楚说明："料泡"是一系列琉璃器具（中国自制简易低级玻璃器）的统称。常见常卖的，笔者少年时所见，有大小各式金鱼缸、各种灯具的灯罩（常见常用者有各种煤油灯、马灯等的灯罩）等，这些都是四季常卖的，除了坐商铺子卖，更有小贩挑挑儿串胡同卖。至于吹着玩的"料泡"，如上引文中表现出的，参照《卖琉璃喇叭图》画出的，似乎可分为两种：一种是低级货，特点是相对于底部来说，柄部较短，大约只能噗噗噔儿，售价较廉。还有一种长柄的，如附图中儿童正在吹的，比前一种结实一些，售价较高。会吹的人如前引文中的区丙，能吹出简单的乐声来，那就是"琉璃喇叭"了。公名均可以"料泡"概之。这两种"料泡"，老北京只在新春庙会上卖，特别是在琉璃厂庙会上卖。那些恶少、小混混儿吹的，肯定是琉璃喇叭喽。

试释如意

一

西汉刘氏宗室几代不避重名，遇有嘉名，更是大家都争着采用。例如，《汉书》中所见，名为"刘嘉""刘福""刘德""刘庆"的都有十几位。名为"刘如意"的也有四位。可见"如意"在汉朝是个很流行的土生土长的吉祥词语。

佛教传入中国，佛经翻译家借用"如意"这个现成的词语来翻译梵文中的某些词语，并赋予它更多更丰富的词义，这是旧瓶装新酒的办法，翻译中习用。不过这回是一种瓶子装好几种酒罢了。装的是：

Atta-mani，这个词语的意思大致与汉语的原意接近，表示"称心如意"。例如北凉"中冲印度三藏"昙无谶所译的《优婆塞戒经》卷五中有这样的译文："若能随顺求者意施，是人于后无量世中所求如意。"大约就是这样译法。

Rddhi，这个词语的意思是指"某种超自然的不可思议之力"。它大致相当于后世中国文学作品——特别是在小说中——所说的"法力无边"的法力，"神通广大"的"神通"。具有此种头脑的，就是有了"如意智"，即"于所欲之一切事能得自在随意"之智，那是菩萨行圆满了才能达到的。这种神通本身称为"如意通"，属于佛教所说的"五通"或"六通"的神通之一。佛经中讲到这类神通之处颇多，中国文学家从中取材生发者比比皆是。试举早期译经中后秦鸠摩罗什译《大智度论》卷五所载一小段为例：

如意通有三种：能到，转变，圣如意。

能到有四种：一者，身能飞行，如鸟无碍；二者，移远令近，不往而到；三者，此没彼出；四者，一念能至。

转变者，大能作小，小能作大；一能作多，多能作一。种种诸物，皆能转变。外道辈转变，极久不过七日；诸佛及弟子，转变自在，无有久近。

圣如意者，外六尘中，不可爱、不净物，能观令净、可爱；净物能观令不净。是圣如意法，唯佛独有。

他种佛经中还有更多述及，如《瑜伽师地论》卷三十七中，将如意通分为能变通、能化通两大类。能变通有十八变；能化通有化身、化境、化语三种化事。我们把中国神话小说拿来对照阅读，特别是与《西游记》和《封神演义》对照阅

四合如意

读，从中不难找出那些出神入化之处的深远根源。当然，中国作家的化腐朽为神奇的创造力更为惊人。

　　Cintā-mani，这是一种佛经中经常讲到的宝珠。cintā 是"珠"的意译；mani 则带有"称心如意"之意，故意译为"如意"，音译则是"摩尼"。合称"如意珠""如意宝珠"，或音加意译为"摩尼珠"等。它是产生在大海龙宫中的神奇法宝（也有说是帝释天所持金刚的碎片所化的，有说是佛的舍利变化而成的），掌握了它，向它祈求，就能变出一切生活用品和宝贝来，还能除去一切疾病和烦恼。因其在佛经中常见，我们只举一些经品篇目，如《杂宝藏经》卷六、《大智度论》卷

五十九、《大方便佛报恩经》卷四、《观佛三昧海经》卷十和卷十六、《仁王般若经》卷下等，以及敦煌所出讲经文《双恩记》等中国人发展了的讲唱故事。请有兴趣的读者参看，均不赘引。

再有一种作为具体器物的如意。北宋天禧三年（1019年）道诚所辑的佛教常识汇编《释氏要览》卷中对之有比较详细的解释，以其重要，故全引如下：

> 如意，梵云"阿那律"，秦言"如意"。《指归》云："古之爪杖也。"或骨、角、竹、木，刻作人手指爪。柄可长三尺许。或脊有痒，手所不到，用以搔抓，如人之意，故曰"如意"。诚尝问译经三藏通梵大师清沼、字学通慧大师云胜，皆云："如意之制，盖心之表也。故菩萨皆执之，状如云叶，又如此方篆书'心'字故。若局于爪杖者，只如文殊亦执之，岂欲搔痒也！"又云："今讲僧尚执之，多私记节文祝辞于柄，备于忽忘。要时手执目对，如人之意，故名如意。若俗官之手版——备于忽忘——名笏也。若齐高祖赐隐士明僧绍竹根如意，梁武帝赐昭明太子木犀如意，石季伦、王敦皆技铁如意，此必爪杖也。"因斯而论，则有二如意，盖名同而用异焉。

《历代帝王图》陈文帝执爪形如意。指的是作为一种器具的"如意"，也就是我们现在还在使用的"痒痒挠儿"，古人称之为"爪杖"者。它的顶端大体上作手爪形。可是，在北

八仙

吉祥如意

宋时期，已经向"云头形"转变了。

二

上引道诚与道忠和义楚著作中的材料，大致都是公元9世纪前后人们对如意的认识、理解与说明，而且都是僧家的话。在此以前，对如意的解释，都没有这三段那么多和明确——至于是否正确，我们在下面还可以讨论。现在，我们就从9世纪即大致是北宋以前往上推，看看那时使用如意的情况。

我们发现，作为口语或说是传统型的口语，"如意"一词当然还在不断地使用。试举二例：

> 权抚背曰："卿能办之者诚快，邂逅不如意，便还就孤。孤当与孟德决之。"

（陈寿《三国志》卷五十四，裴松之注引《江表传》，中华书局，第1262页）

> 孝武（按：东晋孝武帝）属王珣求女婿，曰："王敦、桓温，磊砢之流。既不可复得，且小如意，亦好豫人家事，酷非所须。……"

（刘义庆《世说新语》，余嘉锡《笺疏》，中华书局，第820页）

以上说的都是口头上当作吉祥话说的"如意"。

我们还发现，作为搔痒使用的如意，在那时的上层社会中是很流行的：

> 虞世南以犀如意爬痒久之，曰："妨吾声律半工夫！"
>
> （冯贽《云仙杂记》卷三，《四部丛刊·续编》本，第5页）

> 不空……又与罗公远同在便殿。罗时反手搔背，不空曰："借尊师如意。"殿上花石莹滑，遂激宰至其前。罗再三取之不得。上欲取之，不空曰："三郎勿起，此影耳。"因举手示罗如意。
>
> （段成式《酉阳杂俎》前集卷三。《宋高僧传》卷一"不宣传"中所载与此略同）

我们更发现，对于这种基本用途应该是"爪杖"的如意，有三个问题可以提出来说一说。

1. 把爪杖称为如意，现知最早的史料大体上只能上溯到三国时期。那就是如下的一条：

> 胡综博物。孙权时掘得铜匣，长二尺七寸，以琉璃为盖。又一白玉如意，所执处皆刻龙虎及蝉形。莫能识其由，使人问综，综曰："昔秦皇以金陵有天子气，平诸

山阜,处处辄埋宝物以当王气,此盖是乎?"

(《酉阳杂俎》前集卷十一)

据《补三国艺文志》等记载与考证,这一条是从三国时期的著作《胡综别传》中引用过来的,这是它的上限。至于秦始皇是否干过埋宝物的事,埋的又是什么,恐怕胡综也就是姑妄言之。不过,他的话中有一点特别值得注意,那就是把如意当成宝物之一种。这就大大地提高了如意的身份,说明如意不仅仅是搔痒的器具了。

2. 现存的古代如意实物,一般常引用来说明问题的,例如日本正仓院所藏的"犀角黄金钿装如意"。据说明,它那手掌形的头部是白犀角所制;有七个并拢的手爪,柄部镶嵌各种象牙、黄金、珠玉等花纹装饰。总之,是一种华贵的器具,"非常人可享"之物。下等人是无福消受的。证以我们在此前此后所引的资料,也都证明如意在上层社会中流行。这些资料还证明,其流行时期大致从三国时期开始,通贯到9世纪。

3. 从上引9世纪僧人等所说的话能够悟出,3—9世纪中流行的如意,虽然有的已经是宝物级别的器具了,可还是爪杖形的。但是它似乎受到上层人士的极大偏爱,被赋予多种超乎搔痒以外的用途。

初,高祖欲观诸子志尚,乃大陈宝物,任其所取。

京兆王愉等皆竞取珍玩，帝唯取骨如意而已。高祖大奇之。

（魏收《魏书》卷八）

我们注意到，"骨如意"虽然不一定是华贵器物，却可列入宝物之林。但是，它又不属于珍玩之列。一个儿童取如意而不取珍玩，足以觇其志尚。说明它具有某些特殊意义，它在上层人物的心目中，已经远远不是个痒痒挠儿了。

三

若对这一时期的资料略加分析，来看一看如意究竟在起些什么作用，上层社会中人物怎样使用它，我们会发现许多有意思的事情。

我们发现，上层社会中人物经常执持它。但是，搔痒倒似乎成了它的副业。那么，它的基本用途是什么呢？

它成为高级人物如政治和军事领导人物、高级知识分子（特别是其中的清谈家）、高僧（特别是能讲经和参加清谈的高僧）、"高尚其事"的隐士等人手中经常执持和耍弄的东西，多少带有显示身份的作用。我们读18、19世纪的欧洲小说，比如说《傲慢与偏见》，或是《大卫·科波菲尔》之类，并观看其中的插图，看到那时的洋"绅士"手杖是不离手的；鲁迅的《阿Q正传》中，那位著名的"假洋鬼子"，其外在标志性特征之一，就是有一根"打狗棍"（Stick）。至于18、19世纪的洋"淑女",外出时一把小洋伞是不离手的。就拿Stick来说,二三十岁的健康男子汉是不需要拐棍的,主要为显示身份之用。当然啦,用来指点些什么,那是顺手得用的。福尔摩斯之流还可用以打斗。这些都是它的"副作用"了。反观以下有关如意的资料,我们会发现,其作用真是惊人的相似:

1.它起指点、指示作用,有点像当代的指挥棒或者教鞭。执持者肯定是有身份的人。有时甚至挥舞起来。能耍的也是高级领导人,而不是儿童或者在当时身份低下的歌舞演员:

> 吴主潘夫人……为江东绝色。……有司闻于吴主,使图其容貌。夫人忧戚不食,减瘦改形。工人写其真状以进。吴主见而喜悦,以虎魄如意抚案,即折。嗟曰:"此神女也!愁貌尚能惑人,况在欢乐!"
>
> (晋·王嘉《拾遗记》,齐治平校注本,中华书局)

> 孙和悦邓夫人,常置膝上。和于月下舞水精如意,误伤夫人颊,血流污裤,娇姹弥苦。
>
> (同上)

> 上仍以玉如意指巘曰:"未若皇帝之次弟为善最多也!"
>
> (李延寿《南史》卷四十二,中华书局,第1064页)

自太和乙卯岁（唐文宗太和九年，835年）后，上不乐事，稍闻，厕必有叹息之音。会幸三殿东亭，因见横廊架巨轴于其上，上谓修己曰："斯开元东封图也。"因命内巨轴，悬于东庑下。上举白玉如意指张说辈数人，叹曰："使吾得其中一人来，则吾可见开元矣！"

（唐·李浚《松窗杂录》）

殷荆州有所识，作赋，是束皙慢戏之流。殷甚以为有才，语王恭："适见新文，甚可观。"便于手巾函中出之。王读，殷笑之不自胜。王看竟，既不笑，亦不言好恶，但以如意帖之而已。殷怅然自失。

（《世说新语·雅量第六》）

谢万北征，常以啸傲自高，未尝抚慰众士。谢公甚器爱万，而审其必败。乃俱行，从容谓万曰："汝为元帅，宜数唤诸将宴会，以说众心。"万从之。因召集诸将，都无所说，直以如意指四坐云："诸君皆是劲卒！"诸将甚忿恨之。

（《世说新语·简傲第四十二》）

陈林道在西岸，都下诸人共要至牛渚会。陈理既佳，人欲共言折。陈以如意拄颊，望鸡笼山叹曰："孙伯符志业不遂！"于是竟坐不得谈。

（《世说新语·豪爽第十三》）

2. 用来击节叹赏。前引吴主孙权以如意抚案就可作为一个例证，可惜用力过猛，刚打一下就断了。这也算表达激赏的动作罢！再举几个疾徐应节的故事：

武帝悦之，谓曰："今李膺何如昔李膺？"对曰："今胜昔。"问其故，对曰："昔事桓、灵之主，今逢尧、舜之君。"帝嘉其对，以如意击席者久之。

（《南史》卷五十五）

张文诩……时游太学……学内翕然，莫不宗仰。……意不在仕……仁寿末，学废，文诩策杖而归，灌园为业。

州郡频举，皆不应命。……每闲居无事，从容长叹曰："老冉冉而将至，恐修名之不立！"以如意击几，皆有处所。时人方之闵子骞、原宪焉。

（《隋书》卷七十二《孝义传》）

宣宗皇帝英明俭德，器识高远。比在藩邸，常为诸王典式。忽一日不豫，神光满身，南面独语如对百僚。郑太后惶恐，虑左右有以此事告者，遂奏文宗云上心疾。

文宗召见，熟视上貌，以玉精如意抚背曰："此真我家他日英主，岂曰心疾乎？"

（唐·苏鹗《杜阳杂编》卷下）

王处仲每酒后，辄咏："老骥伏枥，志在千里。烈士暮年，壮心不已。"以如意打唾壶，壶口尽缺。

（《世说新语·豪爽第十三》）

释慧布……尝造思禅师，与论大义。连彻日夜，不觉食息。理致弥密，言势不止。思以铁如意打案曰："万里空矣，无此智者！"坐中千馀人，同声叹悦。

（《续高僧传》卷七《慧布传》）

我们注意到，叹赏的都是与政治、学术相关的大事。王敦的不如意正从以如意打击唾壶的行为表现出来，带有词义双关的特定心理状态。

3. 直接用于打击。前引孙和误伤邓夫人是特例，乃无心之过。更有真打的，起的是如我们前面所说的福尔摩斯的手杖的作用，也正如假洋鬼子打阿Q一般。也有往器物上打的：

钧形貌短小，为主所憎。……钧不胜怒而言于帝，帝以犀如意击主，碎于背。

（《南史》卷六十）

石崇与王恺争豪，并穷绮丽，以饰舆服。武帝，恺之甥也，每助恺。尝以一珊瑚树——高二尺许——赐恺，枝柯扶疏，世罕其比。恺以示崇。崇视讫，以铁如意击之，应手而碎。

（《世说新语·汰侈第三十》）

　　玄宗好神仙，往往诏郡国征奇士。有张果者……上谓力士曰："吾闻：奇士至人，外物不能败其中。试饮以堇汁，不死者乃奇士也。"会天寒甚，乃使以汁进果。果遂饮，尽二卮。醇然如醉者，顾曰："佳酒也。"

　　乃寝。顷之，取镜视其齿，已尽焦且黧矣。命左右取铁如意以击，齿尽堕而藏之于袋。乃怀中出神药——色微红——傅于堕齿中，复寝。久之，视镜，齿皆生矣，而粲然洁白。上乃信其不诬。

（唐·李德裕《次柳氏旧闻》）

　　4.更有用于军事指挥的。这在前引"谢万北征"条已见端倪，但尚未用于临阵。上阵时执持应用来指挥的，大半是在学习那"名士风流"的诸葛亮。诸葛亮手执的可是"羽毛扇"，即麈尾；孙机大学长在《文物丛谈》（文物出版社1991年版）中有精彩的论述，请有兴趣的读者参看，不赘述。后来人上阵，使用的道具则有白羽扇、如意之类，看来

都是为了显示身份。如意能顺手一指,且具有双关意义,于是"指挥如意笑谈中"矣!当然,持者要有诸葛亮的本事才行:

> 韦睿,字怀文。……魏中山王元英寇北徐州……英自率众来战,睿乘素木舆,执白角如意麾军,一日数合。英甚惮其强。
>
> (《梁书》卷十二)

> 王昭远……好读兵书,颇以方略自许。宋师入境,昶遣昭远与赵崇韬率兵拒战。……及行,执铁如意指麾军事,自方诸葛亮。……崇韬布阵将战,昭远据胡床,惶恐不能起。俄崇韬败,乃免胄弃甲走投东川,匿仓舍下,俄为追骑所执,送阙下。
>
> (《宋史》卷四百七十九)

5. 用作具有寓意的赠品。正因作为器物的如意又带有言辞方面的双关意义,很受喜欢耍弄词语的中国人宠爱,所以,在赠送如意时,常具有此种暗示性质的意思,希望对方心领神会:

> 席阐文,安定临泾人也。少孤贫,涉猎书史。齐初,为雍州刺史萧赤斧中兵参军,由是与其子颖胄善。复历

西中郎中兵参军，领城局。高祖之将起义也，阐文深劝之。颖胄同焉。仍遣田祖恭私报高祖，并献银装刀。高祖报以金如意。

（《梁书》卷十二）

高祖将南讨，遣羽持节安抚六镇，发其突骑，夷人宁悦。还领廷尉卿。车驾既发，羽与太尉丕留守，加使持节。语在丕传。高祖友爱诸弟，及将别，不忍早分，诏羽从至雁门，乃令羽归。望其称效，故赐如意以表心。

（《魏书》卷二十一上）

高帝后谓庆答曰："卿兄高尚其事，亦尧之外臣。朕梦想幽人，固已勤矣。所谓'径路绝，风云通'。"仍赐竹根如意、笋箨冠，隐者以为荣焉。

（《南史》卷五十）

释慧勇……尝行报恩寺前，忽见人云从摄山来，授竹如意。谓勇曰："寻当如意。"俄失踪迹。

（《续高僧传》卷七《慧勇传》）

庾征西大举征胡，既成行，止镇襄阳。殷豫章与书，送一折角如意以调之。庾答书曰："得所致，虽是败物，犹欲理而用之。"

(《世说新语·排调第二十五》)

6. 更有用以质酒的。可见它是一种贵重到能作抵押的物品，与"五花马""千金裘"价值差不多：

> 玄宗于凉州以镂铁如意质酒，翌日命中使，托以他事，使于凉州。因求如意以还，验之非谬。
> （唐代薛用弱《集异记·补编》中"叶法善"条）

可以大体上这样作个小结：从三国时期到五代，如意的形制只有手爪型一种，但它通行于上层社会，每每制造成华丽贵重的形态。上层人物执持它，可为显示身份之用。具体用途则有：指示，指挥，讲经清谈时作教具道具，高兴时起舞挥舞，赠予时常带有暗示性双关意义；作为一种值钱的贵重物品，还可作抵押品用；它还作击节称赏用，作打击用（因而宋明等朝代的文物鉴赏家认为古人是拿它当防身利器的，未免求之过深）。当然，它原来的功能是挠痒痒，因而也能时不时地用来挠痒痒了。

四

必须注意如意在僧人讲经和名士清谈中的用途，请继续参看以下资料。

1. 僧人讲经说法时执持或受赠如意的资料：

南岳造金字《般若》，命师代讲。唯"三三昧"及"三观智"，用以咨审，馀悉自裁。南岳手持如意，临席赞之曰："可谓法付法臣，法王无事。"

（《佛祖统纪》卷六《智传》。此则故事在灌顶所作的《隋天台智者大师别传》、士衡所作的《天台九祖传》等资料中均有记载。）

十二月十七日夜，跏趺端坐，仍执如意说法，辞理深邃。

（《法华传记》卷三《唐台州国清寺释智晞》）

释慧成……承南岳思禅师匡化山中，引众波动。试往看之。既见，欣仰，欲学定业。……乃惟曰："承大师善知来意，今试验之。"见犀如意及手巾、线履，欲得之。思命令送与。

（《续高僧传》卷十六《慧成传》）

远神韵严肃，容止方棱。凡预瞻睹，莫不心形战栗。曾有一沙门，持竹如意，欲以奉献。入山信宿，竟不敢陈。窃留席隅，默然而去。

（《高僧传》卷六《慧远传》）

縹竹湘南美，吾师尚毁形。仍留负霜节，不变在林青。每人杨枝手，因谈贝叶经。谁期沃州讲，持此别东亭。

（《全唐诗》卷八百二十，释皎然《赋得竹如意送详师赴讲》）

2. 文士讲论经义时可以手持如意的资料：

文宗皇帝尚贤乐善……常延学士于内庭，讨论经义……而李训讲《周易》微义，颇协于上意。时方盛夏，遂命取水玉腰带及辟暑犀如意以赐训。训谢之。上曰："如意足以与卿为谈柄也。"

（唐·苏鹗《杜阳杂编》卷中）

前引齐高帝赐隐士明僧绍竹根如意，也是为了供他在讲论中使用，可与此则同观。

两晋南北朝清谈名士举行清谈，包括与名士派的僧人清谈某些佛经经义时，手执的是麈尾。看来，正规的清谈必执持麈尾，而僧人自家讲佛经，却是执持如意的，并可在如意上写小字提纲，以备参考。这就比麈尾仅可"挥洒自如"多出一项功能。同时，我们注意到，儒士讲五经，也可执如意以为谈柄。南北朝僧人讲佛经，似乎是从儒家讲经学来的，至少它本身也是汉化的东西，所以执持如意在佛教中也应是汉化佛教独创。再者，因其为讲经时所用，所以高级文士型僧人执持它，也可显示身份。文殊菩萨是佛教菩萨中代表"理"的一位菩萨，因此，汉化佛教逐渐在他的手中执上如意（也有让他手执贝叶经的，后世更多的则是手执中文卷子形甚至线装书册形经卷），就是顺理成章的事情了。

这就会出现一个有碍观瞻的问题：如意的原始形象，毕竟是一把痒痒挠儿。用以指挥，还可收以手指臂之效，无伤大雅。可是用于文事，一位高级知识分子或上层领导人老拿着这么个玩意儿，特别是菩萨老拿着它，总不是太像样儿的事。笔者认为，大约就在文殊执如意像出现前后，也就是五代时期，云头如意开始出现，同时，原来的手爪形如意身份降低，并且有了"和痒子"（或称"痒和子"）的新称呼。这种称呼，今所见最早的资料大约在《祖堂集》卷四的"石头希迁"条中：

六祖还化后，（希迁）便去清凉山靖居行思和尚处，礼拜侍立。和尚便问："从什么处来？"对曰："从曹溪来。"

和尚拈起和痒子曰："彼中还有这个也无？"对曰："非但彼中，西天也无！"

这是一个"机锋"。大和尚还手执手爪形如意，尚有表示身份的用意，但是从希迁看来，不过是"和痒子"罢了！从而可以悬测有不是和痒子的新式如意出现。希迁的回答，语意双关。可以假定，他见过的文殊像已经执持新式云头（或说是"心"字）如意了。在此补充说几句：前引资料中，北宋初的和尚说如意（实为新式如意）取义于"心"字，后来遭到日本僧人的反驳，说拼音的梵文中哪有那样的心字，那当然是反驳得对。可是，从中文文字角度考虑，若不说是西天传来的，"只说是自家会的"（这是孙悟空对须菩提祖师发的誓），那么，当初塑造云头如意形象时，说不定是会想到"心"字形的意匠创造呢！后来的灵芝形如意，又说不定是从心字形发展而来的呢！

五

自打如意形制二水分流后，和痒子形状的如意身价一落千丈，完全恢复了原来挠痒痒的原始功能，重新成为老头儿老太太的爱物。那云头如意等新品种则身价十倍，并且演化出一些新用途来。这种发展，大约在明清两代完成，民国初年告一段落。从乾隆年间到西太后专政，是新式如意的黄金时代。这期间相关的资料极多，特别是官方资料如"实录"等资料记载很多。限于本文篇幅，我们只能简略引用。

例如《清实录·仁宗实录》卷三十七，嘉庆四年"庚午""甲戌"两日谕内阁，均有"朕于乾隆六十年九月初三日，蒙皇考册封皇太子，尚未宣布谕旨。而和珅于初二日即在朕前先递如意，漏泄机密，居然以拥戴为功"的内容，并将此事列为罪名之首："其大罪一。"这是《清实录》中最有代表性的"如意"公案。当然,《清实录》中记载的最终成为庆典式的皆大欢喜的"如意"事件更多。好在这类资料在官书中俯拾即是,请有兴趣的读者自行检阅,我们就不多引了。倒是要略引一些小说、笔记等资料,从侧面说明,自觉也算别具一格。

先说形制。新式如意大致演变成三大类型:

一类是头部为镶嵌珠宝玉石、雕镂金银花样的云头、灵芝等形状的,以弯曲的柄部承接。如金镶玉元柸如意,执持部可直也可略呈弯曲。因为它便于在一头执持,所以塑像、画像中人物(如菩萨、神仙)以及戏曲演出中多用之。

另一类则是"两头如意",就是两端各出头部,头部形制与前一类略同。如紫檀镶玉一路平安如意,常常是一个头大一个头小些;柄部则常为弓形小弯曲。执持时必须用双手,呈递给对方时,地位低的人把小头侧向己方;帝王下赐则反之。

再一类是"三镶如意",它在大大拱起的弓形柄部再安上一个如意头。如紫檀镶玉三镶如意、清白玉如意,正因其有三头,所以必须把柄部做长才行,相应的头部也要做大。一般地说,这种如意要比前两种大和长一倍以上,拿起来很不方便,主要当摆设。清宫中这种如意特别多,可算是最贵重的一种了。更有发展到四镶、五镶的,过于繁缛,且非常规,较少。

我们必须注意到下列两点:

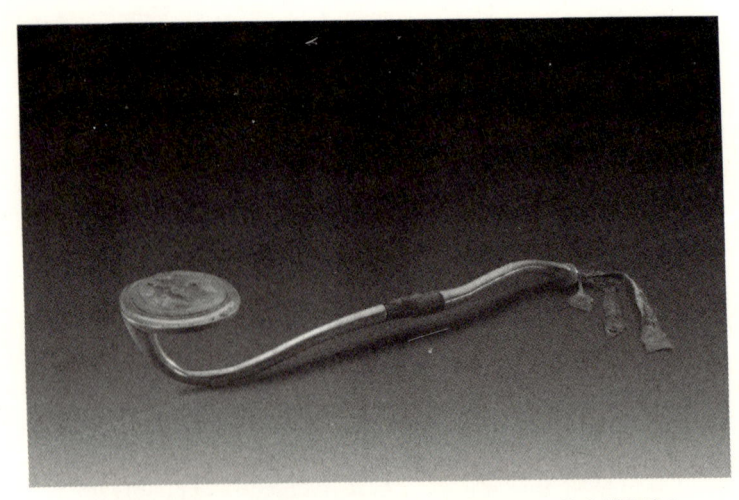

金镶玉元杵如意（清嘉庆，通长30cm，头宽6.5cm，故宫博物院）

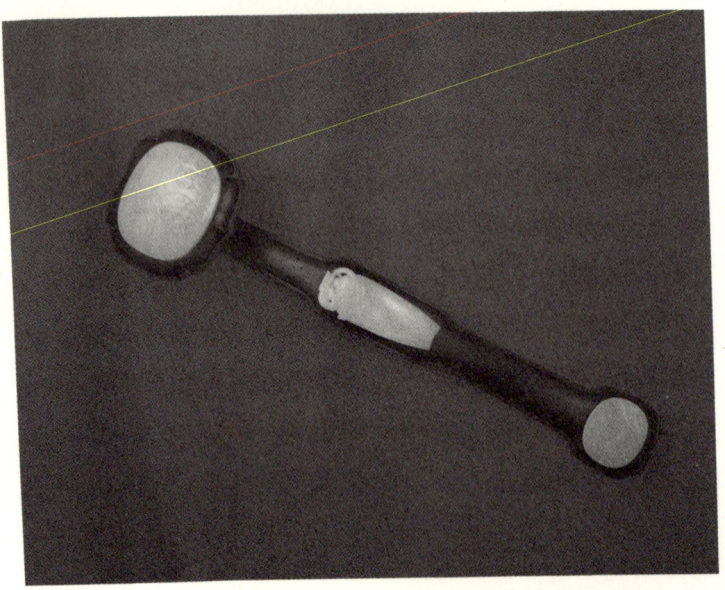

八仙

紫檀镶玉一路平安如意（故宫博物院）

1.这种新式如意已经被赋予某种最高级宝物的尊贵身份。道家特别偏爱它。它成为最高级的正派神仙的持物,也是他们的法宝和武器。试举小说中之例:《封神演义》多处说到高级神仙使用如意,例如,第八十四回中,元始天尊打通天教主,就用的是玉如意。有时还派人运用此宝:万仙阵破后,申公豹逃走,元始天尊就说:"命黄巾力士将我的三宝玉如意把他拿在麒麟崖伺候!"第七十七回"老子一气化三清",玉清道人头戴"如意冠"(注意:不是如意,只是以如意命名),手执的武器(也是法宝)可是"灵芝如意";太清道人手执的是"三宝玉如意"。能使如意当法宝与武器的,全是最高级至少是次高级神仙,而且作风正派的才够格。截教虽然是邪教,但与阐教同出鸿钧道人门下,所以,对其中的人物区别对待。截教的掌门大弟子,仅次于通天教主的二把手金灵圣母,后来"封神正位为星首",封为"斗母正神","执掌金阙","居周天列宿之首,为北极紫气之尊",显然是正面人物。所以她在万仙阵中,一人能用玉如意招架三大士,交战多时,最后还是燃灯道人暗中用定海珠把她打死的。补说一句:她坐的是七香车(王母娘娘坐的那种),法宝还有四象塔和龙虎如意,那也是正派神仙才能使用的;她的徒弟中,地位显赫的有使用雌雄双鞭的三眼闻仲闻太师,也是正派的忠臣。可见《封神演义》的作者是很给她留身份的。至于佛教、道教的尊像中,执如意者比比皆是。但是,我们却发现了一种有趣的现象:道教似乎对如意比佛教更加重视。上引《封神演义》已经说明了这一问题。汉化佛教的尊像,执如意的多为菩萨

紫檀镶玉三镶如意（故宫博物院）

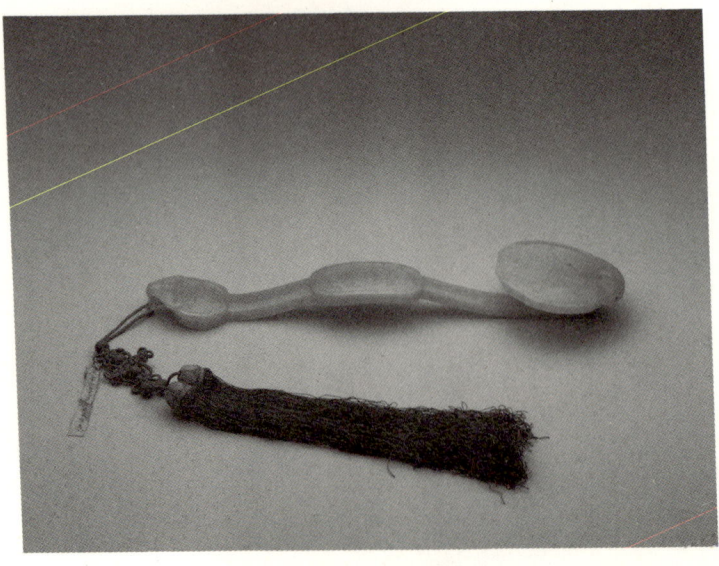

清白玉如意（台北故宫博物院）

级，而且大体上都定点在文殊菩萨手中。《封神演义》中的慈航道人（道教用以比附佛教中的观世音菩萨）也用三宝玉如意，故而后世的观世音画像、塑像有时也手执如意，想必是互相影响。

2. 在明清时代大肆发展起来的各种吉祥图案中，以"如意"为名的占相当大的比例。如四时如意锦、金玉如意锦，其造型多为云头或灵芝形，无柄者居多。显示出受到实物如意意匠的影响。当然，取"吉祥如意"双关词义，是这类图案的共同出发点。从而，图案与实物在社会生活中互相影响，就把如意抬得越来越高。

我们回到实物如意身边来，再说说它在社会特别是上层社会中的用途。有关资料极多，我们从中看到，它已经成为纯粹的吉祥物，专供颁赐、馈赠、典礼时使用。请看下列各资料：

> 年节王、大臣呈进如意，取兆吉祥之义也。自雍正年间举行。嘉庆元年，贝勒、贝子、公等，以至部院、侍郎、散秩大臣、副都统，俱纷纷呈进两分。于是定以限制：凡遇元旦、万寿及庆节，唯宗室亲王、郡王、满汉大学士、尚书始准呈进，其馀一概不准。……而如意之例，后又减去庆节一次。至己未则并王公大臣督抚等呈进之例悉行禁止焉。
>
> （清·姚元之《竹叶亭杂记》卷一）

八仙

金玉如意锦

　　嘉庆戊寅九月十六日，圣驾自盛京旋跸……是岁万寿庆节驻跸兴隆寺，随扈王大臣官员均于行在行礼。其在京王大臣，有旨概不许差人至行在呈递如意贡品。其轮赴行在接驾谢恩者，亦不许携带如意呈递。

（同上）

　　甲午六月，德宗万寿，赐宴太和殿。……宴之次日，赏福字、三镶如意……八色。……

（清·何刚德《春明梦录》）

> 甲午十月初十日，为孝钦太后六旬圣寿。……届期太后出宫，坐六十四人所抬人辇。……德宗步行前导。前又有王公二人，手各持如意一柄，俯首退后引行。
>
> （同上）

据以上所引，我们应该特别注意到，如意在祝寿时常作为象征性器物使用，作为呈献、颁赐或馈赠的贵重礼品。再举一个小说中的例子：《红楼梦》第七十一回，贾母做寿，钦赐的礼品中，首列"金玉如意一柄"，可见其受重视的程度。但是，当我们打开《国朝宫史》卷十八中"皇太后大庆恭进"条，看乾隆的母亲六十、七十诞辰两次多日皇帝进献寿礼的礼单，每天差不多都有如意九柄，占"九九"大礼，中一九之数，并且在礼单中常常列在前面，就可知它受重视的程度了。相形之下，贾母所得简直是小巫见大巫，提不起来了。

我们更看到一种有趣的现象：因其在交往和呈献赐予中起一种类似现在藏族献哈达的作用，因而在清末的上层社会中需求量特别大。清季谴责小说《二十年目睹之怪现状》第二十八至二十九回叙述，为了"藩台老太太日"，送礼"只差一个如意"，要专门派人从南京到上海去采购。这是一个很能说明如意在寿礼中之重要性的故事。此书的第四十四回，还有一处讲到寿堂的陈设：

> 只见当中挂着一堂泥金寿屏，是藩台送的……两旁是道台、首府、首县的寿帐。寿座上供了一匣翡翠三镶

如意，还有许多果品之类，也不能尽记。……

可以看出，如意在当时的祝寿礼仪中具备的重要性了。

除了寿礼，如意在婚礼中作定物、作贺礼礼品也占据重要地位：

金钗钿合定深情，执赞宫仪别有名；椒房都趋珠宝市，一时如意价连城。

清制：册立妃后，见两宫必递如意为赞。上及太后亦以如意赐之。每遇庆典，椒房贵戚搜买遍京师，而东西珠宝市之价遂较寻常倍蓰矣。

（《清宫词》）

到了民国年间，此礼渐渐淡化。旧式结婚前"下定"和结婚的嫁妆里可能还会有如意的踪迹，但因其毫无实用价值，只能当摆设，因时局越来越不安定，也卖不上好价钱，因而也就被淘汰了。倒是在当代，国泰民安，如意又能出现在古玩店里，价钱也呈现出逐步抬高之势了。

六

孙机大学长曾赐告：《曲阜鲁国故城》（山东省文物考古研究所等编，齐鲁书社1982年版）一书中，披露出土东周牙雕爪杖（书中称为"孝顺"）两件。可见中国早有此物。南亚次大陆的"阿那律"经过僧人传入，不会早于东汉。汉族有一种不见得正确和不见得好的心理，就是对待舶来品，即使中国早有同类器物的，也会觉得洋玩意儿特别，对之有神秘感。进而牵强附会，抬升其身价。即如如意，在南亚次大陆的人看来，绝不如中国人那么重要而且越来越带有象征性，也就是痒痒挠儿罢了。可是，如意在中国上层社会中，在佛道二教中，在小说戏曲中，越来越具有特定的道具意义，如"天官赐福"中天官必执持，当代方丈开座时必执持，即是明证。后来还演化出许多如意装饰意匠，还有若干如"称心如意""事事如意"之类的口头惯用成语，可见中国人是如何热爱如意了。

当然，写作这篇文章的意旨之一，还是要区分开爪形如意与云头如意，并将此种分化定于五代时期。

话拂尘

一

拂尘，现代北方口语称为"蝇甩子"，雅称也"拂子"，古代也称为"蝇拂"。它本是一种驱除蝇蚋的工具，相当于"马尾巴的功能"。其造型，一般为细长的柄部，木制、竹制、藤制的常见，高级的有牙、犀、玉等质料的；和柄部相连接，如半个皮球状的束毛主轴底圈，常用骨、牙、犀等质料制成。栽在束毛圈上的刷毛，一般用长而软中带硬的鬃毛制成，也有用棕用麻和用各种线绳的。

古代南亚次大陆地处亚热带，蝇蚋相当多，从佛经中的记载看，拂尘是当时那里主要的驱除蚊蝇工具。梵语 Vyajana，或 Vala-vyaiana，意译就是"拂尘"了。佛藏中律部所载，有关释迦牟尼佛对使用拂尘的规定分见于多处，但内涵基本相同。下举两例：

拂法者：佛住王舍城，世人节会日男女游观。时六群比丘持白犛牛尾拂，以金银作柄。有持马尾拂者，为世人所嫌。乃至……佛言："从今已后，不听捉拂。"复次，佛住毗舍离，诸比丘禅房中患蚊故，以树叶拂蚊作声。佛知而故问："比丘，此何等声？"答言："世尊制戒，不听捉拂。是故诸比丘以树叶拂蚊作声。"佛言："从今已后，听捉拂。拂者，线拂、裂氀拂、芒草拂、树皮拂。是中除白犛牛尾、白马尾——金银柄，馀一切听捉。若有白者，当染坏色已，听用。捉拂时，不得如淫女捉拂，作姿作相。"是名拂法。

（《摩诃僧祇律》卷三十二）

缘在广严城猕猴池侧，高阁堂中。时诸比丘为蚊虫所食，身体患痒，爬搔不息。俗人见时，问言："圣者，何故如是？"以事具答。彼言："圣者，何故不持拂蚊子物？"答言："世尊不许。"——广说如前，乃至以缘白佛——佛言："我今听诸苾刍畜拂蚊子物。"是时六众闻佛许已，便以众宝作柄，用犛牛尾而为其拂。俗人既见——广说如前，乃至——佛言："有其五种祛蚊子物：一者捻羊毛作，二用麻作，三用细裂氀布，四用故破物，五用树枝梢。若用宝物，得恶作罪。"

（《根本说一切有部毗奈耶杂事》卷六）

上引释迦牟尼佛所说"拂法"两处。可以补充说明的是，

"六群比丘"亦即"六众"(梵文 Sad — vargika — bhiksu 的意译),是律藏中屡犯错误,需要释迦牟尼佛对之不断进行诫示的僧人。

据上引可知,拂尘的制作质料多种多样,从原则上说,僧人不许持有贵重的拂尘。古代南亚次大陆那时认为最贵重的拂尘,据佛经中反映,则为"白拂",那是用喜马拉雅山脉地区的白犛牛(梵文 Cāmara 的意译)的尾毛做成的。据说此种牛的尾毛特别长,用它制成的拂尘特称 Cāmara-vyajana,汉译简称"白拂"。还有一种白马尾毛制成的拂尘,也称为白拂。这大约因为释迦牟尼佛出家前所乘的爱马——曾驮着他逾城去出家,四大天王各托马足才越过城墙的——是白马之故。附带说说:古代南亚次大陆社会习俗崇尚白色,因而佛出家前的坐骑为白马。摄摩腾和竺法兰也是用白马驮经东来。缘此,小说《西游记》中的马也必须是白马,才有驮经的资格。总之,贵重的拂尘得为贵人而用。其中,柄部饰有宝物的白拂特称"宝拂",更非常人可享。但是,佛经中的记载又显示出,贵人身份高,是不需自己执持拂尘的,要由贴身侍从执掌。从侍从方面说,还有表示敬意的意思。这种侍从的身份往往很高或者属于贴身亲随,这项差使也不是常人能捞得着的。兹引《妙法莲华经》中"信解品"内颇具形象性的一段,以说明之:

尔时穷子佣赁展转,遇到父舍,住立门侧,遥见其父:踞师子床,宝几承足。诸婆罗门、刹利居士皆恭敬围绕，以珍珠缨珞——价值千万——庄严其身。吏民僮仆手执白拂，侍立左右。

这一则故事，说明了古代南亚次大陆世俗社会中白拂的身价，它的主人和执持者的身份。在一定场合，它已不是一般的驱蝇用具，而具有显示主人身份地位的作用。

正因此，据笔者看，在对待拂尘特别是白拂时，佛教徒显露出某种微妙的心理。一方面，早期的原始佛教具有一种返璞归真的意识形态。以汉译"阿含部"经典中的记载为例，如《长阿含经》卷十三中的"第三分阿摩昼经第一"，就记载佛不赞成"手执宝拂"等奢侈的行为；卷十四"第三分梵动经第二"中也说，如"执拂"等执持以便拂拭等事的行为，"沙门瞿昙无如此事"。可是，另一方面，大约是为了显示释迦牟尼佛的高贵身份，又给佛安排了执拂的侍者。这在《中阿含经》中显示得最为分明。据笔者统计，全经中有十多处讲到佛在晚年选拔亲随侍者，阿难被选中，从此执拂随侍，到了"最后涅槃时，尊者阿难执拂侍佛"，坚持到底。这只能说明，佛教徒认识到执拂有展示领袖身份的作用，因而做出这种特殊的安排了。

在佛经及中外相关史料中，更记载了古代南亚次大陆的天神中的首脑为佛做侍从执白拂的故事。这对奠定释迦牟尼佛至高无上的地位更具有象征性的意义。典型例证是释迦牟尼佛上三十三天为母说法后，登宝阶下界的故事。这个故事见于多种记载，兹引《根本说一切有部毗奈耶杂事》卷二十九中的一段，从佛要由三十三天下界引起：

是时帝释白佛言："今欲诣赡部洲？"答言："我去。"白言："为作神通？为以足步？"答言："足步。"帝释即命巧匠天子曰："汝应化作三道宝阶：黄金、吠琉璃、苏颇胝迦。"答言："大善！"即便化作三种宝阶。世尊处中，蹑琉璃道。索诃世界主大梵天王于其右边，蹈黄金道，手执微妙白拂——价值百千两金——并色界诸天而为侍从。天帝释于其左边，蹈颇胝迦道，手执百支伞盖——价值百千两金——而覆世尊，并欲界诸天而为侍从。

这"三道宝阶"的故事可是太有名了。它还见于《摩诃摩耶经》《佛升忉利天为母说法经》《神道足无极变化经》和《杂阿含经》卷十九、《增一阿含经》卷二十八等汉译经典。中国人所记，则《法显传》中的"僧伽施国"条，慧超《往五天竺国传》、玄奘《大唐西域记》卷四"劫比他国"条，都记下了亲见"三宝阶"遗迹的事。特别应该引起注意的是，《大唐西域记》卷五，记录"曲女城法会"中的事情时说：

王于行宫出一金像，虚中隐起，高馀三尺。载以大象，张以宝幰。戒日王为帝释之服，执宝盖以左侍；拘摩罗王作梵王之仪，执白拂而右侍。……

这让我们想起了后来中国帝王也爱玩儿的那一套,如康熙、乾隆把自己的形象塑入罗汉堂之类。当然,古代南亚次大陆两位大王的这种做法,大大提高了佛教的威望。佛教徒自然也就逐渐地将拂尘引入法事之内啦。

佛教经典中对拂尘特别是白拂如此高评价的记录,使之足够成为典故使用了,因而,中国的文学家往往用"白拂"来代表高僧,或用来说明高僧道行高超。

……会公真名僧,所在即为宝。开堂振白拂,高论横青云。……

(《李太白全集》卷十二,《自梁园至敬亭山见会公谈陵阳山水,兼期同游,因有此赠》)

华堂多众珍,白拂称殊异。……

(《全唐诗》卷二百七十七,卢纶《和赵给事〈白蝇拂歌〉》)

我们注意到,"开堂振白拂",说的是僧人讲经时使用拂尘。这一点我们在此后要专门讲到。

二

中国古代也有拂尘,属于日用品,看来是本地老早就自产自销的,并非天竺传来。当然,质料和质量也是有好有次。

有下引诗文为证:

> ……今奉牦牛尾拂一枚,可以拂尘垢。越布手巾二枚。……
>
> (《全后汉文》卷九十六,徐淑《又报秦嘉书》)

> 孝武大明中,坏上所居阴室,于其处起玉烛殿,与群臣观之。床头有土障,壁上挂葛灯笼、麻绳拂。侍中袁凯盛称上俭素乏德。孝武不答,独曰:"田舍公得此,以为过矣!"
>
> (《宋书》卷三)

> (元)载有龙须拂,色如烂椹,可长三尺,削水精为柄,刻红玉为环纽。……置之于堂中,夜则蚊蚋不敢入。
>
> (唐·苏鹗《杜阳杂编》卷上)

> 当公之骋辩也,一妓有殊色,执红拂,立于前,独目公。公既去,而执拂者临轩……公问:"谁?"曰:"妾,杨家之红拂妓也。"
>
> (唐·杜光庭《虬髯客传》)

> 集贤校理张希复言:"旧有师子尾拂。夏月,蝇蚋不敢集其上。"
>
> (唐·段成式《酉阳杂俎》前集卷十六"毛篇")

佯弄红丝蝇拂子，打檀郎。

（《花间集》卷六，和凝《山花子》）

仁宗当暑月不挥扇。镇侍迩英阁，尝见左右以拂子祛蚊蝇而已。

（北宋·范镇《东斋记事》卷一）

荆公先到书房，见柱上所贴诗稿经年尘埃迷目，亲手于鹊尾瓶中取拂尘，将尘拂去，俨然如旧。

（《警世通言》第三卷《王安石三难苏学士》）

自半含至盛开，未尝暂离。如见日色烘烈，乃把棕拂蘸水沃之。……又不舍得那些落花，以棕拂轻轻拂来，置于盘中。

（《醒世恒言》第四卷《灌园叟晚逢仙女》）

戏有五方狮子，高丈馀，各衣五色。每一狮子有十二人，戴红抹额，衣画衣，执红拂子，谓之"狮子郎舞"。

（唐·段安节《乐府杂录》"龟兹部"条。此条中似有夺字，十二人是舞狮子者，"戴红抹额，衣画衣，执红拂子"的是领舞狮子的"郎"，乃另一人。拂子为指挥狮子用）

每奏，先鸣角。角罢，一军校执一长软藤条，上系朱拂子。擂鼓者观拂子，随其高低，以鼓声应其高下也。

（《东京梦华录》卷十"车驾宿大庆殿"条）

皇帝卤簿拂尘：朱牦为之。长二尺，结于木柄。柄长二尺一寸二分，围一寸五分七厘，通髹以金。上饰镂金龙首二寸五分，衔小金环以缀拂。下饰镂金龙尾三寸三分，末属金环，垂朱委。

（《清会典图·舆卫二·卤簿二》）

上引古代我国中原地区社会中世俗贵贱人等使用拂尘的记录共十二则，时代从后汉到清代。从中我们至少能了解以下的情况：

1.拂尘的质料贵贱不等，与使用者的身份相当切合。当然，像"龙须拂""狮子尾拂"及其神奇功用，不过说说罢了。就拿真正的狮子尾来说，其尖端有短球形隆起，哪能当蝇甩子使呢。看来，棕拂虽贱，却不见得"物微世竞弃"，而是在贫寒的人们手中长期地使用着。因其质地较硬，还可以代替小扫帚使用。

2.为了"摆摆谱"，社会地位高的人自己是不执持拂尘的。除了上举书面记录外，还可以举唐懿德太子墓中壁画为例。其中一柄长柄拂尘，是由宫女执持的。王安石是个讲"祖宗不足法"的变法者，小说中特别用"亲手"两字点出他毫不讲究和事必躬亲的特点，当代读者万勿忽视。

3. 事实上，为了便于祛除蚊蝇和尘秽，当然以亲自动手为佳。这东西打人不痛，情侣间打情骂俏用之最为相宜。

4. 可作某种乐舞的指挥棒用。从而能使我们悟出：它也能像麈尾、如意那样，发挥某种指挥若定、领袖群伦的作用呢。

5. 为了摆谱，自然可在仪仗、卤簿中使用。

6. 中国人认为红色吉祥，白色丧气。因而，世俗人等使用的拂尘，比较讲究的，常把鬃毛染作红色。只有一般人日常使用的棕拂，棕毛染不了，只可以本色对人了。好在中国人对白拂这种舶来品也并不反对，世俗人等日常也用白拂，取其纯洁干净罢了。

三

汉化佛教是把拂尘作为上堂说法时的法器使用的。这是汉化佛教特别是禅宗的创造，后来几乎在所有的寺院中都推广使用了，并影响到高丽、日本等国的佛教。可以说，上堂说法用拂尘作为谈柄以助挥洒，已经成为汉化佛教的外在小标志之一。

我们在这里主要讨论以下两个问题：

1. 为什么挑中了拂尘来担当这项差使，以及开始起用拂尘的大致时代。

2. 在上堂说法时是怎样使用拂尘的。

在这一节中，我们讨论头一个问题。

且说，任何讲演者、教员，为了宣扬自己所说的内容，在宣讲时必然言传身教。言传是说，是讲；身教呢，自然是使用"手舞足蹈"一类的"体相"。这时，可以借助于某种器具，一则用以表现自己的身份并具备某些实际用途，如帝王、总统的权杖，以及教师的教鞭之类；二则可用以加强体相，成为人体动作语言的有机组成部分。这样，反复地使用特定的器具，并频繁地显示某种程式化动作，就更能使经常参加听讲的人产生条件反射，一看见某人手持某物做某种动作，就能自然而然地知道是怎么回事了。

魏晋清谈名士使用的表现身份和作为"谈柄"的器具，首选是麈尾。关于麈尾，已经有多篇论著讨论过。其中，最有代表性的，首推20世纪40年代傅芸子先生《正仓院考古记》①一书中的相关论述。此外，则有贺昌群先生《〈世说新语〉札记》②和日本福井文雅先生《麈尾新考》③两篇论文。有关麈尾及其使用的文字与图像资料及相关推论，已在这一书两文中论述得题无剩义矣。这里只是补充说几句：麈尾与清谈名士的关系，最后已经密不可分。高僧虽然后来也使用麈尾以助讲经，究竟非自家故物。随着清谈逐渐淡化出历史与社会，真正的麈尾也大致在五代北宋之间消失，随即有一种

---

① 傅芸子：《正仓院考古记》，日本东京文求堂1941年出版。
② 贺昌群：《〈世说新语〉札记》，载于《国立中央图书馆刊》复刊第1号，1947年。
③ ［日］福井文雅：《麈尾新考》，载于《大正大学研究纪要（文学部·佛教学部）》第56号，1977年。

也称为麈尾而实为拂尘的变种出现。有关此种历史的误会及在当代读者间阅读不同时代资料时产生的误解，后文《谈麈尾》中提出个人见解，请参看。

且说，麈尾既然不能成为僧人说法的专利品，那么别的呢？僧人试用过如意，而且从南北朝中期起，一直到晚唐时期，都在紧紧攥着它不放。可是，一则，这如意原来也是清谈名士手中的玩意儿；二则，也是在五代北宋之际，如意的样式发生变化；三则，宋元以下，道教抢夺如意的使用权。这些情况，前文《试释如意》中已有阐述。

据笔者估计，大致在晚唐五代时期，禅宗首先使用拂尘，以为说法谈柄。此后，逐渐在大多数不同宗派的寺院中流行起来，最后发展成现在这个样子：成为说法时的代表性法器。

为什么禅宗挑中拂尘呢？拙以为：主要原因已如上述，原始佛教非常重视拂尘。这一点，我们在前面第一节中已经引据说明得很清楚了。而且，在古代南亚次大陆，耆那教[①]的行者就执持拂尘，以助进修之益。这在翻译过来的佛经中也提到了。

从初唐以至盛唐，佛教中当时新兴的密宗是很崇尚拂尘的，起了推波助澜的作用。下举两例以明之：

一个例子是，把拂尘作为"二十一种供养具"之一，这很能提高拂尘作为庄严器具的地位：

---

① 耆那，梵文Jaina的音译。此教大致与佛教同时在古代南亚次大陆兴起，现在还在那里拥有好多信徒。其经典内容有与佛教近似处。

当设二十一种供养之具，作般若波罗蜜多法会，随力堪能，惟好精妙。何等名为二十一种？一者，严饰道场，安置尊像。……二十一，白拂。以如是等胜妙之具，至心供养，能令人王等及一切众生无始已来十恶五逆诸罪消灭，复令现在所求随意。

（《陀罗尼集经》卷三）

另一个例子是，让著名的菩萨手中执持白拂，也像前引的诸天天王和阿难那样，这就加多了拂尘的使用频率。例如，《陀罗尼集经》卷六中讲到，观世音菩萨和普贤菩萨的画像，是画作观音左手执白拂，而普贤右手执白拂的。再如，《千手观音大悲陀罗尼经》中提到，观音为消除恶障，四十手中一手执白拂。经典中还载有让密宗僧人自己执拂的指示，如《尊胜佛顶修瑜伽法仪轨》卷上中说，行者出行时当常持一白拂，诵真言加持一百零八遍，能解除众生烦恼，并有其他好处。因而我们就能悟出，那幅常被后来人翻印引用的"玄奘图"，为什么要在行程中的玄奘手上安放拂尘了。该图的母本实为宋代所绘，画的是否玄奘也难说，但它是一幅僧人长途旅行图，则毫无疑义。

拂尘之为僧人说法所用，通贯唐代以至现代。下举唐、宋、明三位诗人的诗句，作为形象化的说明：

朗吟挥竹拂，高揖曳芒鞋。

（《全唐诗》卷五百十一，张祜《题灵隐寺师一上人

十韵》)

千签插架似蓬馆，白拂挂壁如僧宫。

（《全宋诗》卷一千四百三十九，韩驹《阳羡葛亚卿为海陵尉，作蕺春轩，为赋之》）

手横蝇拂坐绳床，竹间风吹煮茗香。

（明·高启《送证上人住持道场》）

至于图像资料，可举：

1. 元大德本《佛果圜悟禅师语录》中的《佛果圜悟禅师顶相》插图。禅师右手握拂尘柄，左手承拂尘尾，将拂尘平置两膝之上。左右站立的侍从是径山杲禅师和虎丘隆禅师。

2. 天津蓟县独乐寺明代壁画"十六罗汉"中的"迦哩迦尊者"左手当心竖起拂尘（毛向下垂），大指与食指指尖相顶作圈形而其余三指扣在手心内，显示出说法情状。

3. 现藏日本的宋雍熙元年（984年）"弥勒菩萨像"（宋雍熙元年弥勒菩萨像拂尘），座前二侍女均执长细柄拂尘，其形状与懿德太子墓侍女所执者相仿。

四

有关僧人上堂时使用拂尘的情况，《敕修百丈清规》卷七的"四节秉拂"条有详尽说明。亦请读者自行参看。我们要说的是：

1. 禅宗对"秉拂"的僧人身份有严格规定，不是任何僧人都可拿起拂尘乱甩一阵的。据上引"四节秉拂"条，以及日本僧人道忠所著《禅林象器笺》的"职位门"，《释氏要览》卷中，将这几项资料综合，可以归纳为以下两点：

（1）住持上堂说法，必秉持拂尘，特称为"秉拂"。秉拂已成为上堂说法的同义词。

（2）代理住持秉拂的，称为"秉拂人"（但不可称住持为秉拂人）。其中包括前堂首座、后堂首座、东藏主、西藏主、书记，他们并称为"秉拂五头首"。上堂时，住持或秉拂人的侍者，称为"秉拂侍者"。

也就是说，别的僧人没有资格。

2. 上堂对如何使用拂尘，即用它作出什么样的体相语言呢？僧人的语录和"灯录"中记载极多。以下，从语录中挑选出十二则各式各样的有代表性的使用拂尘的方式来，请参看：

> 上堂：僧问："如何是佛法大意？"师竖起拂子。僧便喝，师便打。又僧问："如何是佛法大意？"师亦竖起拂子。僧便喝，师亦喝。僧拟议，师便打。
>
> （《镇州临济慧照禅师语录》）

> 大觉到，参。师拳起拂子。大觉敷坐具，师掷下拂子。大觉收坐具，入僧堂。众僧云："这僧莫是和尚亲

故？不礼拜，又不吃棒！"师闻，令唤觉。觉出，师云："大众道汝未参长老！"觉云："不审。"便自归众。

（同上）

师参岩头。岩头举起拂子，师展坐具。岩头拈拂子置背后，师将坐具搭肩上而出。岩头云："我不肯汝放，只肯汝收。"

（《袁州仰山慧寂禅师语录》）

师问一僧："汝会什么？"云："会卜。"师提起拂子云："这个，六十四卦中，阿那卦收？"僧无对。师自代云："适来是雷天大壮，如今变为地火明夷。"

（同上）

上堂：……遂举起拂子云："这个是相，那个是无相。……教甚么物随相转！"又举拂子云："这个是无相……虽然如是，未免被山僧拂子穿却鼻孔！"复举拂子云："随相转，也被拂子穿却鼻孔；不随相转，也被拂子穿却鼻孔。见佛，也被拂子穿却鼻孔；不见佛，也被拂子穿却鼻孔。"乃顾视大众云："且作么生免得此过。毕竟水须潮海去，到头云定觅山归。"击禅床，下座。

（《大慧普觉禅师语录》卷二）

上堂："知幻即离，不作方便。"以拂子左边击一下云:"向遮里荐取。离幻即觉,亦无渐次。"以拂子右边击一下云:"向遮里荐取。一人发真归元,十分虚空,悉皆消陨。"以拂子中间划一划云:"向遮里荐取。乌巨葛藤,尽被诸人觑破了也。诸人鼻孔眼睛被乌巨拂子穿却。因什么不觉不知?其间或有一个半个蓦地知非,黑漆拄杖未放过在。何故?曹溪波浪如相似,无限平人被陆沉。"

(《密庵和尚语录》)

解夏,小参:"竖起拂子,还见么?"敲禅床云:"还闻么?……今夏九十日内,入大光明藏中,呼唤森罗万象,明暗色空,情与无情。上至非非想天,下至空轮水际,一切蠢动含灵,尽向拂子头上安居。……"

(同上)

……次见尊宿,乃竖起拂子云:"山河大地,明暗色空,总在拂子头上。"对云:"三千里外赚我来!"宿拂一拂,云:"酌然,酌然!"某甲把住拂云:"和尚,离却拂子别道!"尊宿笑云:"是拂子作么生离?"某甲乃倒拂,一拂便出。

(同上)

除夜,小参:"年尽,月尽,日尽,时尽!"以拂子划一划云:"尽情划断!"举拂子云:"者个无尽。还见么,唤作清凉拂子,受用无尽。……依旧年月日时悉皆无尽。虽然尽与无尽,与者拂子总不相干。大家庆快无尽。其或未然,伏听处分。"击拂子云:"崭新历日明朝看……"

(《如净和尚语录》卷下)

丈遂举再参马祖因缘:祖见我来,便竖起拂子。我问云:"即此用,离此用?"祖遂挂拂子于禅床角。良久,祖却问我:"汝已后鼓两片皮,如何为人?"我取拂子竖起,祖云:"即此用,离此用?"我将拂子挂禅床角。祖振威一喝,我当时直得三日耳聋。

(《圜悟佛果禅师碧岩录》卷二)

百丈当时以禅板、蒲团付黄檗,拄杖、拂子付沩山。沩山后付仰山。仰山既大肯三圣,圣一日辞去,仰山以拄杖、拂子付三圣。圣云:"某甲已有师。"仰山诘其由,乃临济的子也。

(同上卷七)

……付区分于杖拂,与烹炼于炉锤。

(《宏智禅师广录》卷二《长芦觉和尚颂古拈古集序》)

据以上各则,归纳出两点。

（1）使用拂子的动作，大致有：

竖起，简称"竖"，这是最常用的表示要说法"竖义""开示"时的方式。不论拂子原为何种状态，都将它直立起来。此时手执柄与束毛圈的接触部，整个的柄部就完全直立显露出来了。

举起，简称"举"，即右手执拂尘柄头，左手执尾毛头，横举起来。这是表明将要秉拂的方式。

提起，是把拂子由横放的状态提到竖起的状态。也有在侧立或直立时故意往上提一提的。此乃"把往事今朝重提起"之谓也。

击，以拂子击禅床，这更是讲述到重点时，提请注意的方式。

划一划，是一种表示"断绝""划清"的方式。

用拂子打人，也算一种"棒喝"。比用拄杖轻，不大疼。

拈拂子置背后，挂拂子于禅床角，都是暂停说法的信号。

最有趣的是说法和听法者争拂子，如前引《密庵和尚语录》之第三则，竖义后，听者对答，秉拂只"拂一拂"，表示"是这么回事"。听者就不干了，上前一把揪住拂子，提出不按常规说法的要求。遭拒绝后，把拂子放倒，"一拂便出"——不听你的啦。

（2）我们所引的最后两则，讲的是上堂说法时拂尘和拄杖经常配合使用的事。它们是一组"道具"。付给接班人说法权，就常以付与拂尘和拄杖为象征。

至于所引各则中的禅机，那是"如人饮水，冷暖自知"

的事。白某愚钝未明，还要请读者指示。

至于在小说戏曲中，僧人道士却是都执持拂尘的。但僧人使用者少于道士。特别是女道士，总爱以拂尘为道具。例如陈妙常即是。在武侠小说中，武艺高，身份也高（武技首领级，中年人），且系行为正派的女道士，常执持长柄（多为铁或其他金属制成）拂尘对敌。当然，最著名的拂尘，还是红拂女手执的那一柄红拂。作为道具，红拂借慧眼识英雄的"风尘三侠"故事而流传千古矣！

谈麈尾

一

麈尾，是魏晋清谈家经常手执的一种道具，直到唐代还在士大夫间流行，宋朝以后逐渐失传。近现代的人没有见过实物，往往顾名思义，认为麈尾与马尾拂尘是一类东西；或见古代图画中有之而不识，把麈尾看成扇子。其实，在考古与文物界，早在20世纪40年代傅芸子先生发表《正仓院考古记》之时，对麈尾的形制已经了然。近年来的文物与考古的报告、论文、著作中也多有提及。可是文献界与文物界有时脱节，1979年出版的《辞海》下册第4728页"麈尾"条的解说是："拂尘。魏晋人清谈时常执的一种拂子，用麈的尾毛制成。"

实际上，麈尾形如树叶，下部靠柄处则常为平直状，所谓"员（圆）上天形，平下地势"（陈代徐陵《麈尾铭》）；副以长毫,所谓"豪(毫)际起风流"(梁宣帝《咏麈尾》诗)。它有点像现代的羽扇,可不是扇。但是,麈尾绝不是拂尘,这是肯定的。拂尘的形制、用途与麈尾大不相同。

据说,麈是一种大鹿。麈与群鹿同行,麈尾摇动,可以指挥鹿群的行向。"麈尾"取义于此,盖有领袖群伦之义。魏晋六朝清谈家习用麈尾。善于清谈的大名士,才有执麈尾的资格。那是不能随便交与他人,特别是交与侍从代为掌握的。而"拂尘",在我国魏晋以至隋唐时期,一般是侍女等人手执,是侍候主子时拿的东西。这是它们之间的本质区别。这点区别非常要紧,关系到执持人的身份。

东晋开国元勋、大名士王导有一篇《麈尾铭》:"道无常贵,所适惟理。谁(《艺文类聚》作'勿')谓质卑,御于君子。拂秽清暑,虚心以俟。"(见于《北堂书钞》卷一百三十四、《艺文类聚》卷六十九、《太平御览》卷七百〇三)麈尾本来的用途似乎是"拂秽清暑",大约兼有拂尘、扇子的功用,可是,"御于君子",经清谈名士手执以后,身价倍增。谁还敢说它"质卑"呢?所以陈代徐陵《麈尾铭》引申王导的话说:"拂静尘暑,引饰妙词。谁云质贱,左右宜之。"

对清谈,一般人也有误解,认为不过是高谈玄理的闲聊天。实际不然。魏晋清谈是一种逐渐形成的正规的学术讨论。它的特点是:

1. 参加者必为"名士"。至少是准名士,具有名士默认其有候补资格者。

2. 有一定内容。早期有才性同异的讨论,所谓"四本论"。中晚期间及佛经。通贯整个清谈时期的主要内容是以老庄哲理为核心的某些命题，如"声无哀乐""三教同异""言尽意"之类。

3. 有一定辩论方式，主要采"主""客"问难方式。先由主提出一项讨论的内容并简单叙述自己的见解，称为竖义或立义。然后一客或数客问难。有点像现代的课堂讨论。也有自为主客的。此种方式虽不一定严格遵守，却是实有的。

4. 清谈时，主与客，特别是"竖义"的"主"，必执麈尾做道具，以助谈锋。《晋书》和《世说新语》记载，孙盛与殷浩谈论很久，端上饭来也顾不得吃，彼此大甩麈尾，尾毛都落在饭上，最后吃不成。《陈书·张讥传》记载，陈后主在钟山开善寺使清谈家张讥"竖义"（大约是竖的佛经中的义），取麈尾未至，临时找松枝代替。可见，麈尾是清谈必备工具，所谓"君子运之，探玄理微"（东晋许询《白麈尾铭》），有似乐队指挥的指挥棒。名士、清谈、麈尾，三者之间实有不可分割的关系。后世又称清谈为"麈谈"，良有以焉。

现在，在我国国内，只能看到图像中所绘的麈尾。其中以"维摩变"中维摩诘居士手执的麈尾为最常见。

"维摩变"是南北朝时期首先中国化了的佛教画，据《维摩诘所说经》所绘。维摩诘（梵语 Vimalakirti 的音译，意译"净名"等）简称"维摩"，是毗耶离（梵语 vaisālī 的音译，又译作"吠舍离"等）城富有的、文化水平极高的居士，深通佛法。他以生病为由，与释迦牟尼派来问病的文殊师利（智慧第一的菩萨）论说佛法，"妙语"横生。维摩有清羸示病之容，又智辩过人，时出妙语，胜过出家的佛弟子，很受南北朝清谈名士的欢迎，把他看成同调。画面上的维摩，正是以清谈名士的风貌为模特儿的，所以总是画他手执麈尾。见于南北朝的，如云冈第一、二、七洞之维摩，均为5世纪产物；龙门宾阳洞中洞正面上部右面的维摩，时代约为6世纪初；还有，天龙山第三洞东壁南端的维摩，也是这一时代的产物，都很典型。

敦煌莫高窟内则更多，从南北朝到隋唐都有，约六十余壁。如莫高窟第276窟西壁隋代画维摩、第220窟东壁初唐画维摩、第103窟东壁盛唐画维摩，都可称代表作。这些维摩均手持麈尾，作答文殊问难论辩姿势。特别是第334窟龛内南北壁初唐画维摩，麈尾是由充任"近事女"（高级和尚和居士的侍女）的天女代执，可算例外。初唐时，清谈的流风余韵已近消歇，有这种出格的画面配置也不足怪。中国本地器物对佛教的影响，于麈尾可窥见一斑。儒释道高士均执麈尾，争当名士，于此等画面中可见端倪。

更典型的是图画中清谈名士所执的麈尾。传世唐代孙位《高逸图》，已经承名世先生考出，实为《竹林七贤图》残卷，其中所绘阮籍便手执麈尾。石刻《竹林七贤图》中的阮籍形象亦复如是。七贤以嵇、阮为首，看来阮籍执麈尾是有象征性的，也隐寓有竹林清谈领袖之意。此外，传世唐代阎立本《历代帝王图卷》中的孙权，也手执麈尾（如历代帝王图之孙权）。从而又可看出，麈尾虽是清谈所用的名流雅器，但因它能显示一种高雅的领袖身份，所以，名士平时自然可以手

历代帝王图之孙权

执,另一些虽非名士但够某种领袖资格的人也可以拿。当然,从名士集团的角度看,多少算是通融,有点现代某些大学发"名誉博士"学位的味道。阎立本给孙权手里安上麈尾,大约就是出于这种设想。另据《晋书·石勒载记》,石勒出身贫苦,后来成为一方军阀。王浚是贵族名士出身,军阀中的老前辈,他派人远道送给石勒一柄麈尾。这是承认给予石勒一种新身份的表示。石勒把它挂在墙上，对之下拜，以示谦虚不敢当。可以与之对比的是云南昭通后海子霍承嗣（字"承嗣"，名残缺，有人考证是南中监军霍弋）墓中壁画，墓主执麈尾，显示出是西南地区老牌大军阀，所以不管他是不是名士，仗着长期担任高级官员的身份，就敢执麈尾。石勒刚占有地盘不久，地位尚未巩固，加之出身低微，别人祝贺他，他有自知之明，做出低姿态。可见麈尾在显示人的身份方面所起的作用了。

麈尾实物，日本正仓院现存数柄，是唐代之物，都很华丽。有镶牙漆木柄的，有镶玳瑁檀木柄的，显示出贵族用具的风貌。《晋书·王衍传》记载，大清谈家王衍常用的是白玉柄麈尾，他的手和玉柄同样白皙温润，有一种病态美，历来为名士所称道。《陈书·张讥传》记载，陈后主造了一个玉柄麈尾，认为当时配拿它的只有清谈家张讥，就把它赐给了张讥。这两则故事说明，华贵的麈尾在那时是很名贵的，极受重视。大名士王濛病重时，在灯下转动麈尾看来看去，长叹不已。王濛死后，另一大名士刘惔把犀麈尾纳入其棺中。麈尾与名士，真可谓生死与共。

二

必须说明的是，魏晋南北朝唐五代的麈尾的样式有多种。例如，传由梁简文帝萧纲创制的"麈尾扇"，近于老式样的简化，似是在纨扇上加鹿尾毛两小撮。孙机学长所写《诸葛亮拿的是"羽扇"吗？》一文中，载有七种麈尾样式的示意图。五代以前，麈尾的样式就是那样，与拂尘截然不同，是两种东西。

在敦煌壁画中，我们见到画得准确无误的麈尾，大致止于五代。如第九十八窟中所画维摩诘、第三十六窟中所画帝王、第一百四十六窟中所画舍利弗，均手执麈尾，都是五代时作品，说明当时的画工对麈尾的形制认识还是很清楚的。再看大足北山佛湾第一百三十七窟摩崖线刻的维摩诘，手上已经换了爪形长柄如意。此图刻于南宋绍兴四年（1134年），据说是摹刻大足惠因寺原藏北宋初著名画家石恪所绘的水墨画的。石恪是一位喜欢自作主张好变古出新的画家，可能此时麈尾已不流行，人们（包括石恪自己）看着眼生，而石恪又不愿意画自己不熟悉的器物，于是就拿当时尚在流行但已显出老式古物模样的长柄爪形如意（相对于云头如意而言）来代替它了。

五代以降，人们逐渐不再使用麈尾，导致后人慢慢地对它的形状淡忘了。可是，写作中还在用这个专有名词，如：

《谈薮》（署"瘦竹翁"撰，似为北宋人）中的"楼镛"条，有"僧取麈尾，敲阑干数声"的话。

《女红馀志》（元代龙辅女史撰）中的"香丸夫人"条，有"或初就枕，侍者执巾，若麈尾、如意，围绕未敢退……"的话。

这些所谓"麈尾"是什么样式呢？史树青先生在考证传为唐代阎立本所绘《萧翼赚兰亭图》时指出，该图似为北宋人手笔，内容似为老僧与居士对谈，画的是谁就很难说了。老僧手中所执应为麈尾，其样式却是一件近似短柄拂尘的器物。后来，明代的《三才图会》中所绘的麈尾，就是与之类似的东西。万历年间出版的剧本《樱桃梦》中"清谈"的插图（钱谷绘），长者所执麈尾也是这种器物。它与常规的拂尘之区别大概在于：传统的拂尘是细长柄，束毛圈也相对的小，毛较长；而作为拂尘的一个新支派的新型麈尾，柄部短粗，而且往往柄尾略呈圆尖形状，束毛圈相对的大些，用的毛较短。我们想，这是由于后代人想象麈尾一定是有"尾"的，再加上能挥动，于是就把它归入拂尘一类，创制出一种新型的与原来的真正的麈尾名同实异的麈尾来。

起码在明清两代，这种新型麈尾相当流行，因其看来确实属于拂尘的一个新品种，所以人们也管它叫拂尘。

《金瓶梅》和其他明代盛行的情色小说中，常用麈柄或玉麈隐喻男性生殖器，看来二者确实有相似之处——如果把这种新型麈尾柄尾竖起来看的话：上有毛，中有似睾丸之束毛圈，下有似阳具之麈柄。可见这种新型的麈尾在当时是很流行的了。

这也使我们能读懂了《红楼梦》第三十六回中的一段：

> 宝玉在床上睡着了，袭人坐在身旁，手里做针线，旁边放着一柄白犀麈。宝钗走近前来，悄悄地笑道："……还拿蝇帚子赶什么？"……宝钗坐在身旁做针线，旁边放着蝇帚子。

八仙

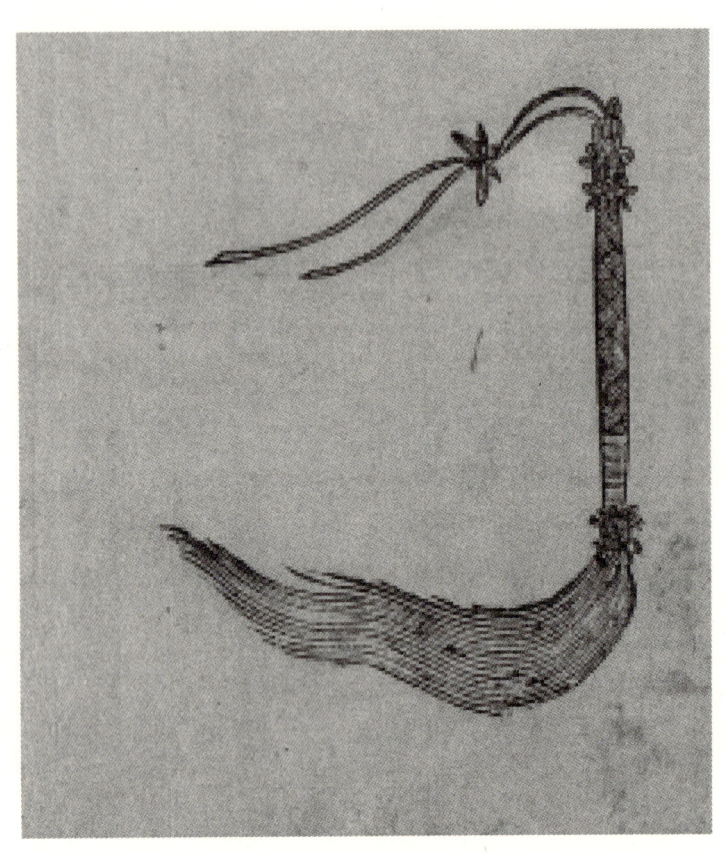

三才图会·麈尾

　　这里明确地说明，"白犀麈"就是"蝇帚子"（拂尘的俗称）。

　　再看《红楼梦》第四十回中的一段：

　　　　贾母素日吃饭，皆有小丫鬟在旁边，拿着漱盂、麈尾、巾帕之物，如今鸳鸯是不当这差的了。今日鸳鸯偏接过麈尾来拂着。

这一段可以和下面所引的《红楼梦》第三回中的一段作比较：

贾母正面榻上独坐……旁边丫鬟执着拂尘、漱盂、巾帕。

以上所引两段，正好对比说明，麈尾就是一种拂尘，也就是前引第三十六回中所说的蝇帚子。

当然，通过上述，我们已经明确了：南北朝至五代时人们所认识和使用的麈尾，和至少是在明清两代流行的麈尾，是名同实异的两种器物。导致这种演化的，可能是后代人没有见过真正的麈尾，闻其名而错误地创制之故。

塔与经幢

一

塔，原是南亚次大陆的一种坟，佛教徒沿袭为藏舍利、骨灰之用。原型只是覆钵式，缺少变化。到了中国建筑家手中，化腐朽为神奇，变化多端，大放异彩。首先是用途加多，有作藏经用者，有供瞭望用者，等等。更重要的是形制种类繁多，方形、六角、八角、十二角、圆形等等全有；木造、砖造、石造、金属的各异。

汉化佛教的塔，主要可分为地宫、基座、塔身、塔刹几部分。

地宫是中国式佛塔特有的结构，它的性质与中国古代帝王陵寝的地下宫殿相似，但形制不大。地宫是用砖石砌成的不同形状的地穴，大都建在地面之下。地宫主要用来埋葬佛舍利，还常埋有佛经、珍宝及其他器物。

塔基是整个塔的基础，在地宫之上。早期塔基一般较低矮，唐代以后，塔基明显地分成基台与基座两部分。基台就是早期的塔基，基台上承托塔身的座子为基座。宋元以后各种塔的基座越来越往高大华丽发展。塔基保证了建筑物的稳固，也使塔显得更加庄严雄伟。

塔身是塔的主体，内部分实心和中空两种。塔身中空的，一般能登临远眺。塔的层数也有讲究，但各种佛经所说并不统一。一般地说，层数最多的是十三层，象征释尊涅槃后藏舍利的七宝塔。以下则大约是菩萨七层，缘觉六层，罗汉五层，"不还果"果位者三层，"一来果"两层，"预流果"一层。十三层以下七层以上的，大约都是成佛果者的象征。这些数字非出一经，其中有不少矛盾，不可执着。

每座塔上都装有一个顶子，有尖的、圆的；有砖石砌的，有金属制作的，形式多样，这就是塔刹。塔刹是全塔最高的部分，冠表全塔，因而用了"刹"字。它的意思是土田，代表一个佛所掌握的一处国土，也称之为佛国。塔刹是用来收结顶盖的，但人们对它做了精细的艺术加工，并赋予许多象征意义，使之玲珑挺拔，高插云天，同时又代表以下各项事物：

刹竿，直立到顶串联诸物的一根直竿。代表佛寺幡竿。

相轮，即刹上的圆盘状物，由刹竿串联。"相"是"表相高出"之"相"，圆轮耸出，人仰视之，以为表相，故曰"相轮"。一般是九个，称为"九轮"。也有数量多少的规定，但各经更多矛盾。总之，一般不多于十三个。

圆光，即刹上竖立的圆盘或叶状物，代表放自佛、菩萨顶上的圆轮光明。

仰月，即刹上新月形物，代表密宗"金刚界"的月轮。

宝盖，是"饰以宝玉的天盖"，如平顶有檐伞状。象征佛座上的七宝华盖。

宝瓶，瓶状物，即"军持"，次大陆的一种水瓶。佛教徒以之为用具，并以之为法具，灌顶、浴佛均用之，故称宝瓶。观世音菩萨手持的净瓶就是军持的变种。

宝珠，居刹顶，常作火焰形中含圆珠，故又称"火珠"。此物全名摩尼宝珠，又称如意珠。它出于大海中，能产生诸珍宝，能除"四百四病"，又是舍利的标帜，故立于最高处。

中国塔的建筑形式丰富多彩。早期的塔似乎是由汉代的高层木建筑楼阁变化而来，多建筑在寺院的中心。史书记载中最大的木塔是元魏时建造的洛阳永宁寺塔，高一千尺，百里以外都能看得见。可惜这座塔建成不久就焚毁了。现存最古的塔是520年建造的河南嵩山嵩岳寺十二角十五层密檐式砖塔。塔身有用莲瓣作柱头和柱基的八角柱，有用狮子作主题的佛龛，有火焰形的卷纹，造型优美。在这一时期，木塔逐渐减少，砖塔增多。这可能是考虑到防火的问题，同时，木结构工程建筑要求较高，造价也大。10世纪以后，新建木塔就少见了。

唐代以后的汉式砖塔大致有两种类型：一种是形同木塔，层层相累，称"楼阁式塔"；一种是在一个高大的塔身上加多层密檐，称"密檐塔"。唐代的塔一般都是四方形的多层砖塔。在塔的表面上表现出木结构的柱梁斗拱等。如西安慈恩寺大雁塔（652年建）、荐福寺的小雁塔、香积寺塔（681年建）、兴教寺的玄奘塔（669年建）等都属此类。密檐塔因其分层出檐较多而呈现出优美的外形，成为中国塔的一种重要类型。如嵩山永泰寺塔和法王寺塔、云南昆明慧光寺塔和大理崇圣寺塔，都是此类塔的典型结构。此类塔一般是两层重檐，顶上有砖或石制的刹。只有唐代嵩山会善寺的净藏塔（746年建）是单层八角形的，塔身用砖砌出柱梁、斗拱、门窗等。

10世纪以后，八角形的佛塔成为标准形式。建造方法也改变了，原来是外部用砖砌成筒形，内部加上木楼梯、木楼板，这时期改用各种角度和相互交错的筒形券，把楼梯、楼板、龛室等砌成一个整体。山东长清灵岩寺的辟支塔、河北正定开元寺的料敌塔（1055年建）都属此种类型。河南开封六角形的繁（pó）塔（977年建），开始采用琉璃造的佛像和花纹处理塔面。其后开封祐国寺塔（1041—1048年建），俗称"铁塔"，即采用28种琉璃面砖砌出墙面、门窗、柱梁、斗拱等。河南济源延庆寺塔也属同一类型。宋代在长江流域建造很多八角形塔。杭州灵隐寺大殿前有石雕双塔（960年建），高仅10米，而有九层，雕刻成仿木结构的形式。苏州报恩寺塔、杭州六和塔和保俶塔，都是用砖砌成的仿木结构形式的塔，檐椽部分杂用木料。到了清代，因木檐椽多已朽败，这些塔已变得面目全非。修理时采用了不同的处理方法。重修后的报恩寺塔接近于原形；六和塔在塔身外加上一层木结构，极不相称；保俶塔只保存了塔身，形成了柱形塔。

中国现存的唯一古木塔是山西应县佛宫寺的释迦塔（1056年建），高66米，共有五层。河北涿县双塔（1090年建）则是仿应县木塔形式建造的砖塔。

    辽代在河北中部以至辽宁等地建造了若干八角形的密檐塔，杰出的典型是北京天宁寺塔。最特殊的是福建泉州的双石塔（13世纪三四十年代建），全部用石料仿木结构建成。

    元代藏传佛教传入内地，在汉族地区出现了西藏式的瓶形塔。北京妙应寺的白塔（1271年建），是尼泊尔的工艺师阿尼哥所设计的。山西五台山塔院寺塔（1577年建）和北京北海公园的白塔（1651年建），都属这种类型。

    中国现存的佛塔，大部分建于明清时代，在造型上明清的塔斗拱塔檐很纤细，环绕塔身如同环带。太原永祚寺的双塔、北京玉泉山塔（18世纪建，如图示），便是这时期的多层塔的典型；北京八里庄慈寿寺塔（1576年建），是这时期密檐塔的典型。还有山西赵城县广胜寺的飞虹塔，是用琉璃面砖装饰的，八角十三层，高40米以上，北京玉泉山也有一座清代的小型琉璃塔。

    元代藏传佛教传入中原以后，喇嘛塔在华北地区开始流行，其中最有代表性的是金刚宝座式塔，它的特点是在很高的下带大城门的塔座上并列五座塔，其中中央一座最大。这些塔都是覆钵式的瓶形塔，带有尼泊尔和西藏风格，其中有代表性的如北京五塔寺塔（1473年建，如图示）、北京香山碧云寺金刚宝座塔等都是。

    建塔一般都选择风水形胜之地，并且考虑到与当地的自

玉泉山之塔

五塔寺塔

塔与经幢

然景观和其他建筑相调和，可以说，有了塔，就使得那里的景观更美。20世纪30年代，燕京大学在未名湖畔建水塔，就考虑到要与园林环境相调谐，不惜巨资将其建成密檐式塔。至今，塔影湖光，仍为北京大学校园风景最美之处。塔之功用可谓大矣。

在中国各地，除了佛塔外，还有一种"文风塔"，或叫作"风水塔"。那是过去科举时代，人们为了祈求本地方的文人能中试及第而建造的。这种塔一般都仿照佛塔形式建造。

20世纪50年代以后所建最著名的塔就是1958年在北京西山建造的佛牙舍利塔，供奉释迦牟尼灵牙舍利，1964年落成。塔有十三层，高58米，采用传统的密檐形式，而在结构、刹顶方面，都有创新的地方。它的形态优美，颇为山林增色。

塔院是和尚公墓，其中的塔都是墓塔。入塔的都是高级僧尼，在当时产生过一定影响的。要注意其碑志，常有稀见史料。因为塔院的塔多，故又称为塔林。附有塔林的寺院必为著名大寺，如北京潭柘寺、山东长清灵岩寺、河南嵩山少林寺等处均有之。小型的只有几个塔的塔院，则更多，那就称不上塔林了。塔林乃宁静之地，不容戏闹，近见有许多武打影片中竟大拍特拍在塔林中开打镜头，而且常由和尚勾人进去打，那是绝不可能的事。

二

经幢是汉化佛教一种最重要的刻石，属密宗系统。凿石为圆柱或棱柱，一般为八角形，高三四尺，上覆以盖，下附台座。幢各面及柱头部，各刻佛或佛龛。在周幢雕像下，遍刻经咒，以《尊胜陀罗尼》为最多。

和经幢有关的有个著名的故事，说是三十三天中有一位善住天子，做了一个梦，这个梦预示他七天以后命终，进入轮回，要七次变成畜生恶道身，以后还可能堕入地狱。梦醒以后他非常恐怖，就去请求三十三天的总领导帝释天搭救，帝释天赶紧跑到祇园精舍，请释尊设法。释尊说，有一部《佛顶尊胜陀罗尼经》，能净一切恶道，能净除一切生死烦恼。如果有人听见这个经的一句，他前世所造的一切要下地狱的恶业全都消灭。于是，传此经给帝释天，经幢和它上面所刻的《佛顶尊胜陀罗尼》主要就是根据这个故事建造的。据说，顺时针方向绕经幢至少七圈、口诵"陀罗尼"就能消灭罪孽。这种信仰盛行于武则天时代，经幢也在这时如雨后春笋一般在全国建立。北宋以后，经幢随着密宗的衰竭而衰竭。

璎珞、华鬘与数珠

我们将要讨论的,主要是以下三个问题:

1. 作为造像服饰——在汉化佛教中,似乎是菩萨级造像的服饰专用的璎珞与华鬘的来历、种类及其施用范围等问题,包括璎珞等可以用作殿堂内庄严具的问题。

2. 连带地讲一下汉化佛教造像服饰的事宜。

3. 连带地讲一下"数珠"的事儿。

这样安排,主要是迁就璎珞与华鬘。因为这两种随身服饰,在汉化佛教造像中,大致仅限于菩萨级和诸天中的个别人物佩戴,但它们又可以在殿堂中作为庄严具单独使用。它们又是数珠的原型,或者说,数珠是它们的实用型改造。把相关的这些问题放在第三、五、六这三章中讲,都有赶前错后的弊病,因而只可另辟一章,把它们集中在这里讲了。

一、璎珞与华鬘

璎珞是古代南亚次大陆的人们——特别是贵族——用来装饰自身的一大类首饰的梵文意译。追溯佛经中相对应的梵文原来的词语，大致有以下几个：

Muktā-hāra，其中 Muktā 义为"珍珠"，hāra 则有"成串"之义。这个词语的本义大致是"用珍珠等串成的首饰"。

Keyūra，音译是"吉由罗"，它大致指的是首饰中戴在手臂上的手镯、臂钏一类饰物。

Ratnavali，这个词的本义大致是指"一连串的宝石"。

Rūcaka，这个词的本义大致是指"华鬘（花鬘）形的首饰"。而鬘本身，则是梵文 Kusuma-mala 的意译。其中，Kusuma 原指一种素馨属的植物，音译有"俱苏摩、拘薮摩、须曼那、须末那"等，特指它的花，在佛经中常用作一切花的以部分代全体的统称。mala 义为花环、环状物。也有用 mala 来作 Kusuma-mala 的简化词的。华鬘主要指一种环形颈饰，也就是现在南亚次大陆还在使用的花环，如我们在礼宾式中常见往贵宾脖子上戴的那类饰物。它与 Mukta-hara 的区别，大约主要在所用的串联饰物之不同，一为植物质，一属矿物质罢了。所以，有的佛经翻译家有时也把 Kusuma-mala 或 mala 译成"璎珞"了。

据此，我们可以把佛经中"璎珞"一物所指的内涵，宽泛地界定如下：

（1）它是环状的饰物，宽泛地说，包括挂在颈部和垂于胸部、戴于头部、戴在手臂和小腿等部位上的全算。

（2）它主要是用珍珠、宝石和贵金属串联制成的。宽泛地说，有时华鬘也可计算在内。

至于璎珞的用途，大致地说，在佛教兴起以前，古代南亚次大陆的人们早已使用它了。特别是那里的贵族，是经常用它来装饰自己，并用来显示身份。古代南亚次大陆的神，自然是贵族统治者在天上的投影化身，他们也是使用这类饰物的。玄奘《大唐西域记》卷二"衣饰"条中，记自己在古代南亚次大陆亲眼所见，无论男女，都可"首冠花鬘，身佩璎珞"。特别是贵族："国王、大臣，服玩良异：花鬘宝冠，以为首饰；环钏璎珞，而作身佩。"据《佛所行赞》卷一所载，释迦牟尼当太子时，就是"璎珞庄严身"的。又据《中阿含经》中的《木积喻经》，有许多青年女性修饰自身时使用的记录："年在盛时，沐浴香熏，著明净衣，华鬘璎珞严饰其身。"

但是，哪些人能佩戴这些，玄奘所见似乎也有等级和种姓等的区别限制："其有富商大贾，唯观而已。"不过也不尽然，如《妙法莲华经》的"信解品"中，讲到那位"富长者"及其失散了的儿子的故事时，描写儿子所见父亲的豪华富贵情状：

住立门侧，遥见其父：踞师子床，宝几承足。诸婆罗门、刹利居士，皆恭敬围绕。以真珠璎珞——价值千万——庄严其身。吏民童仆，手执白拂，侍立左右。覆以宝帐，垂诸华幡。香水洒地，散众名华。罗列宝物，出内取与。有如是等种种严饰，威德特尊。……穷子见父有大力势，即怀恐怖，悔来至此。窃作是念："此或是王，或是王等。……"

这是一位大富翁的气派。可是他有"吏民"伺候，说明在政治上身份不低。

至于从玄奘这位佛教徒眼中所见的各派"外道服饰"，则是"纷杂异制。或衣孔雀羽尾，或饰髑髅璎珞……"在此说几句：玄奘所见的"饰髑髅璎珞"的"外道"，乃是信奉湿婆（梵文 iva 的音译）的教徒。湿婆的意译名称是"大自在天"，为古代南亚次大陆三大主神之一，他的颈饰就是许多髑髅联结而成的璎珞，因而绰号为"饰髑髅璎珞者"（梵文 Kapālamālin 的意译）。这个教派的教徒也采用此种璎珞作颈饰，所以绰号为"佩戴髑髅者"（梵文 Kapāladhārin 的意译）。据《大慈恩寺三藏法师传》卷一所载，玄奘过流沙时，有大神守护，据说就是"深沙大将"，根据有关他的仪轨，他的颈饰是髑髅璎珞。这就是《西游记》中沙僧造型的原型，为研究中国神魔小说的人所习知。

但是，佛门舍弃世上一切荣华富贵，按清规戒律的要求，是不能佩戴这些饰物的。《四分律》卷四中讲到八位释迦牟尼本家弟兄和他们的理发师优波离出家时的故事，就鲜明地反映了这种情况：

> 时阿那律释子、跋提释子、难提释子、金毗罗释子、难陀释子、跋难陀释子、阿难陀释子、提婆达释子,优波离削发师——第九——各净洗浴已,以香涂身,梳治须发,著珠璎珞。乘大象、马,出迦毗罗卫城。……时诸释子……下象,脱衣服、璎珞具,并象与优波离,语言:"汝常依我等,以自存活。我等今者出家,以此宝衣并大象与汝,用自资生活。"……时优波离即以所得宝衣、璎珞,以白叠裹之,悬著高树,念言:"其有来取者,与之!"……

这九位全都皈依释迦牟尼佛去了。可见,璎珞是古代南亚次大陆人特别是贵族(不分男女)的随身装饰品,出家僧人在一般情况下是不能佩戴璎珞的。佛经中类似的故事记载相当多,只举此一例以概之,不赘引。但应补充说几句:这里的"释子",意为"释迦族的青年人",他们尚未出家。与一般称说的"释子"指称出家的僧人,不是一个概念。

就是在俗的善男信女来参拜释迦牟尼佛的时候,也常把璎珞等首饰摘下来,以示尊敬。特别是在有求于佛的时候,更是如此。例如,《观无量寿佛经》卷上所载,阿阇世太子把父王频婆娑罗监禁起来,想把他饿死。母后韦提希前往探视。她洗澡后,把酥蜜和炒面粉掺在一起,抹在身上,又在璎珞的掩盖下带上葡萄浆,带给老王吃。后来韦提希祈求释迦牟尼佛来救驾,她一见到佛,立即"自绝璎珞,举身投地,号泣向佛",这是一个典型的利用璎珞与由于尊敬对方而舍弃璎珞的事例。

华鬘，如上所述，是古代南亚次大陆盛行的一种装饰性花环。它主要是由鲜花编织而成，其作用料想和璎珞也差不多，只是多用为头饰和颈饰类饰物罢了。

佛教摒弃世上的荣华富贵，因此，佛和罗汉等出家人是不佩戴璎珞、花环等饰物的。僧人在作为贵宾时短期内被人给戴上颈饰性质的花环，亦为戒律所许。只有菩萨级人物，除了现比丘形的如某些地藏菩萨等之外，正规的菩萨形象全都佩戴各种各样的璎珞与华鬘，并可以接受这种馈赠。典型的例证如《法华经·观世音菩萨普门品》中所说：

无尽意菩萨白佛言："世尊：我今当供养观世音菩萨。"即解颈众宝珠璎珞——价值百千两金——而以与之，作是言："仁者，受此法施：珍宝璎珞。"时观世音菩萨不肯受之。无尽意菩萨复白观世音菩萨言："仁者，悯我等故，受此璎珞。"尔时佛告观世音菩萨："当悯此无尽意菩萨，及四众、天龙、夜叉、乾闼婆、阿修罗、迦楼罗、紧那罗、摩睺罗伽、人非人等故，受是璎珞。"即时观世音菩萨悯诸四众及于天龙、人非人等故，受是璎珞，分作二分，一分奉释迦牟尼佛，一分奉多宝佛塔。

为什么菩萨能接受此种供奉？看来是与释迦牟尼得道前——包括本生经中的无数前生时——属于菩萨级有关。特别是释迦牟尼在当王子的时候，更是璎珞不离身的人物。这就影响到佛教的早期造像，佛传中的释迦牟尼就是王子装束的呀！

按古代南亚次大陆的菩萨造像，其璎珞与华鬘性质的装饰大致可以分为如下几类：

颈饰，基本上属于项圈系列，梵文中称为Kantha-bhusa的。

胸饰，多由华鬘或串珠形态的华丽串形物组成，从脖子上往前挂在胸前。但有两种从左肩往下斜挂到右方腰腿部的，得说一说：

一种是花环形，是从左肩下垂，绕过右腿的一个大环状物，梵文称为Ardha-hāra，意译为"斜挂"或"半璎珞"的便是。

另一种是线形，或说带形，也是从左肩斜挂到右臀部，而不及腿部下侧。常见最短的，也就在乳房下一绕而上；也有掖在腰带内的；长的则从臀部一绕。这种，梵文称为Yajnopavita，汉文译作络腋、神线、神索、净绳、持供等。据说，婆罗门教徒在学习"吠陀"经典完毕之时，得授此线以为标志，佛教造像用此，是从婆罗门教那里沿袭移用，汉化佛教的塑像家也习称它为"绶带"。

腹部的装饰也和世间习见的那样，集中于腰带部分。梵文中称为Udara-bandha的，汉文可译成"腹带"；梵文中称为Kuca-bandha的，则可译成"乳带"。总的来说，腰带由金属和珠宝构成，和世俗所用似乎也没有什么两样。有梵文称为Mekhalā的，音译"弥阿罗"，意译则为"金带"。还有梵文称为 Rasanā 的，称为 Kañci 的，一般都可译作"宝带"。

戴在上臂部和腕部的，梵文统称为 Bāju 的，译作"臂钏"；梵文称为 Kataka 的，译作"腕钏"。还有戴在踝部的，梵文称为 NūPura，可以译作"足钏"。以上，造像家常分别称之为"臂严""腕严"与"足严"。

可是，汉化佛教的菩萨像的装身庄严越来越不讲究，有时连斜挂和络腋也分不清楚，甚至取消。宋代以后，封建意识加强，许多菩萨身上裹的衣服越来越多，那些装身庄严就看不出来了。观世音菩萨又经常戴上风兜，连宝冠（也是装身庄严的一部分）也看不出来啦。外来的华贵渐让位于本土的朴素无华。

二、造像服饰

上面我们已经讲到了菩萨级的造像是佩戴璎珞与华鬘的。这里，再把佛教造像服饰简括地谈一谈。

佛教造像等级森严，服饰穿戴严格而分明，基本上一看就能知道是哪个级别的：

头一级是佛。佛像均穿法服，偏袒右肩或覆双肩。除密宗的毗卢遮那佛等戴冠之外，都是光头螺发。

菩萨级大多作古代南亚次大陆以至西域各国的贵族装束。戴冠。实际上是杂取上述不同地区、不同时代的各种男女青年装束，拼凑而成。南宋以后又逐渐中国化，特别以观世音菩萨汉化为甚。个别的菩萨如地藏菩萨则作僧人装束。

罗汉，基本上都作僧人装束。

诸天鬼神，都不是出家人，属于"护法"。他们都按本身在世俗社会中的相应地位穿戴，而且越来越汉化了。如，帝释天和大梵天、日天和月天，就都作中国帝后装束穿戴。有些女神性质的，如吉祥天女、摩利支天等，有时就佩戴璎珞。伎乐天、飞天、供养菩萨等服饰趋于华丽化，佩戴璎珞等势在必然。天王等多作西域和中国中古的武将的混合型穿戴。总之是越来越汉化。

祖师像，当然是僧人本色。

三、数珠

数珠，是梵文 Pasaka-mālā 的意译，又译作念珠、佛珠等。音译"钵塞莫"。它是佛教徒念佛号或经咒时用以计数的工具。它是由璎珞和华鬘演变而来的。由佩戴在身上仅为庄严之用转为掐着计数，那是一转念就能悟出的，就看是谁先转的这个念头了。古代南亚次大陆的考古和历史资料证明，婆罗门教徒和毗湿奴派都有佩戴、掌握数珠的习惯。佛教还是从婆罗门教徒那里学来的呢。可是，三藏中律部对使用数珠并无记载。密宗经典中倒有明确记述，例如，常常讲到佛旁边的一些菩萨是手持数珠的，更有关于数珠的种种功德的说法。在汉化佛教中，隋唐之际，随着净土宗和密宗的兴盛，数珠开始大流行，从此成为汉化佛教七众的重要随身具，并成为念佛信佛的重要标志。可是，在南传佛教中，至今还不流行佩戴和使用数珠。

关于数珠，有几点可以说一说。

首先是一串数珠的颗数。一般是九种，如下表所示。其中以百八颗的一种为根本，常用者为此种。

念珠数目，内涵1080，十界各有百八，成一千八十

108，百八烦恼或百八尊、百八三昧

54，修生五十四位

42，住行向地等妙之四十二位

27，二十七贤圣

21，本有十地、修生十地及佛果

14，十四忍

36，三分百八为三十六

18，六分百八为十八

至于各种表示的内涵，一言难尽，一般读者不必深究，有个大致了解就行了。

其次，一串数珠中常加入一颗大型"金珠"，作为"母珠"；再加十颗"银珠"，是为"记子"。"母珠"表无量寿佛（即阿弥陀佛）之存在，记子表"十波罗蜜"。这是净土宗用以记念佛遍数之数珠。密宗则诵真言，以七遍或二十一遍为常规。密宗的数珠，就在每七颗或二十一颗后插入不同种的或同种而略小的四颗，称为"四天珠"，也是当记子用。一般庙里卖的数珠，常依净土宗规制而略减。通常数珠为黑色或褐色，中加一颗黄色或红色大珠作"金珠"，再加几颗（常不到十个，三几个充充数）浅黄色或白色小珠充"银珠"就

算了。

再次，说说数珠的质料。据说，持不同质料的数珠念经，所获功德不一样。质料好，功德成倍增长。至于何种质料的数珠得多少倍的功德，各经所说不同，今举《数珠功德经》中所述为例，不可执着。

念珠质料，功德倍数：

铁，五倍

赤铜，十倍

真珠珊瑚，百倍

木槵子，千倍

莲子，万倍

帝释青子，百万倍

金刚子，千万倍

水晶，万万倍

菩提子，无数倍

补充解释几句：

木槵子是梵文 Arista 的意译，音译"阿梨色迦紫"。木槵是一种"无患"之树，为众鬼所畏。它的果实木槵子亦具降大力鬼神之力。

帝释青子是梵文 Indranilaksa 的意译，音译"因陀罗尼罗迦叉"。又名"天青珠"。据说是帝释天所居处一种宝树所生宝珠子。

金刚子是传说中的金刚树（又名天目树）的果实。据说像桃核，大小似樱桃，紫色。

菩提子，指菩提树之果实。圆形，上有一个圈和许多小点，称"星月菩提"。在中国只产于广东一带，系自南亚次大陆引进，故内地常用一年生草本植物"川穀"的果实代之，圆而色白，亦名之菩提子。西藏另有一种藏语对音叫 Bodi — Ci 的果实，产于雪山，亦可作数珠，译名也叫菩提子。

四、作为殿堂内庄严具的璎珞

这里说的是独立安置在殿堂内作为庄严具之一种的璎珞。这是编织或剪裁成长条形悬挂的装饰品，形状多种多样，质料也多种多样。如，用纸剪成的，有点类似年画中的"彩纸雕刻挂钱"，所剪的图案也多种多样，有卍字、花朵等。编织的类似长条形珠帘，也能织出种种花样。据说在日本还有皮制的大个儿的璎珞，笔者没有见过。一般较正规的殿堂中都不挂这种璎珞。严格地说，它们也不能算是正规的璎珞，最多只可算是璎珞的非常规变种。不过因为有的寺院中——特别是南方尼庵——终究有此一类庄严饰，在本篇的最后也得提一下就是了。

图书在版编目（CIP）数据

八仙 / 白化文著. -- 北京：北京联合出版公司，
2021.6
ISBN 978-7-5596-5287-4

Ⅰ.①八… Ⅱ.①白… Ⅲ.①中华文化－文集 Ⅳ.
①K203-53

中国版本图书馆 CIP 数据核字（2021）第 081566 号

八仙

出 品 人：赵红仕
责任编辑：章 懿
出版发行：北京联合出版有限责任公司
　　　　　北京联合天畅文化传播有限公司
社　　址：北京市西城区德外大街 83 号楼 9 层
邮　　编：100088
电　　话：（010）64243832
印　　刷：固安县云鼎印刷有限公司
开　　本：787mm×1092mm　1/32
字　　数：167 千字
印　　张：7.5
版　　次：2021 年 6 月第 1 版
印　　次：2021 年 6 月第 1 次印刷
ISBN 978-7-5596-5287-4
定　　价：36.00 元

文献分社出品
未经许可，不得以任何方式复制或抄袭本书部分或全部内容
版权所有，侵权必究